Christiana Albertina Forschungen und Berichte aus der Christian-Albrechts-Universität zu Kiel

Heft 81 | November 2015

WACHHOLTZ
MURMANN PUBLISHERS

Impressum
Christiana Albertina
Forschungen und Berichte aus der
Christian-Albrechts-Universität zu Kiel
Heft 81 | November 2015
ISSN 0578-0160 | ISBN 978 3 529 05911 7

Auflage: 2.000 Exemplare

Herausgeber: Präsidium der Christian-Albrechts-Universität
Olshausenstraße 40 | 24098 Kiel

Redaktion:
Prof. Dr. theol. Dr. phil. Johannes Schilling
Prof. Dr. iur. Rudolf Meyer-Pritzl (verantwortlich)
Prof. Dr. rer. pol. Johannes Bröcker
Prof. Dr. med. Ulrich Kunzendorf
Prof. Dr. phil. Rainer Zaiser
Prof. Dr. rer. nat. Wolfgang J. Duschl
Prof. Dr. agr. Karl-H. Mühling
Prof. Dr.-Ing. Rainer Adelung

Redaktionsassistenz:
Susanne Witt
Leibnizstr. 4 | 24098 Kiel
Telefon (04 31) 8 80-21 08
switt@praesidium.uni-kiel.de

Entwurf: büro für mitteilungen, Hamburg

Mediengestaltung: Universitätsdruckerei der Christian-Albrechts-Universität zu Kiel

Druck und Anzeigenverwaltung:
Wachholtz Verlag – Murmann Publishers, Kiel/Hamburg
Telefon (040) 39 80 83 20 | Fax (040) 39 80 83 10
www.wachholtz-verlag.de

Die nächste Christiana Albertina erscheint im Mai 2016;
Redaktionsschluss: 15. Januar 2016

5 Editorial

Das Kunstwerk
6   Peter Thurmann **Adriaen van de Venne, Barbierstube. 1628**

Aufsätze
8   Robert Alexy **Inklusiver Nichtpositivismus. Zum Verhältnis von Recht und Moral**
19   Dirk Brandis **Karl August Möbius und das Problem der Fliegenden Fische**
29   Martina Blümel und Christian Jung **Warum blühen Pflanzen?**

Aus der Geschichte der Christian-Albrechts-Universität
47   Frederieke Maria Schnack **»Daß die Studenten ein so dissolutes Leben führen ...« Studentische Devianz zwischen Vorurteil und Realität in den Anfangsjahren der Christiana Albertina**

79 Buchbesprechungen

86 Lektüreempfehlungen

87 In memoriam
    Dieter Regensburger, Klaus Westphalen

89 Würdigungen zu 70. Geburtstagen
    Robert Alexy, Wulf Depmeier, Roman Ferstl, Hans-Werner Prahl, Manfred Sommer, MIchael Spindler, Harald Thun

97 Universitätsnachrichten
    Geburtstage
    Venia legendi/Habilitationen
    Auszeichnungen durch die Universität
    Fakultätspreise für die besten Dissertationen
    Preise und Auszeichnungen an Mitglieder der Universität
    Wahlen und Ehrenmitgliedschaften
    Auszeichnungen für den wissenschaftlichen Nachwuchs

Editorial

Zu diesem Heft

»Christiana Albertina vivat, crescat, floreat!« Dieser Wunsch ist in dem jetzt zu Ende gehenden Jubiläumsjahr oft geäußert worden. Eine Hochschule steht in voller Blüte, wenn in Forschung und Lehre Hervorragendes geleistet wird. Ein Gelehrter, der sich in dieser Hinsicht ganz besonders um unsere Universität verdient gemacht hat, ist Robert Alexy. Er zählt zu den weltweit bedeutendsten Rechtsphilosophen der Gegenwart und hat Kiel zu einem weithin sichtbaren Leuchtturm auf diesem Gebiet gemacht. Er knüpft damit an eine große Kieler Tradition an, für die Gustav Radbruch oder Hermann Kantorowicz stehen. Zahlreiche Studierendengenerationen haben Alexy als mitreißenden akademischen Lehrer erleben dürfen. Mit der ihm eigenen rhetorischen Brillanz trug er am 17. Juli 2015 auch seine Abschiedsvorlesung über »Recht und Moral« vor. Wir danken ihm sehr herzlich dafür, dass er uns das Manuskript für eine Veröffentlichung in der »Christiana Albertina«, deren Redaktion er zwischen 2001 und 2010 angehörte, zur Verfügung gestellt hat.

Zur Blüte unserer Universität tragen nicht nur Professorinnen und Professoren bei. Auch der akademische Nachwuchs und Studierende erbringen immer wieder höchst beachtliche Leistungen. So ist es sehr zu begrüßen, dass der Verein Iuventus Academiae Holsatorum mit einem Wettbewerb zum Universitätsjubiläum Studierende, Doktorandinnen und Doktoranden dazu angeregt hat, Beiträge zur Universitätsgeschichte zu verfassen. Wir freuen uns, den Aufsatz von Frederieke Schnack, der die Fachjury einstimmig den ersten Preis zuerkannt hat, in diesem Heft zu publizieren. Die Abhandlung beleuchtet in sehr anschaulicher Weise das Verhältnis zwischen den Einwohnern Kiels und den Studenten in den ersten Jahren nach der Gründung der Universität.

An einer Universität, die in voller Blüte stehen möchte, liegt es nahe, dass auch die Frage erforscht wird, warum Blumen blühen. Diesem Thema widmet sich der Aufsatz von Martina Blümel und Christian Jung. Ein anderes spannendes Phänomen aus der Biologie behandelt Dirk Brandis, indem er die Untersuchungen des Kieler Zoologen Karl August Möbius über das Problem der Fliegenden Fische vorstellt.

Dieses Heft wird das letzte sein, dessen Entstehungsprozess von der vorbereitenden Redaktionssitzung bis hin zu den letzten Korrekturen Susanne Witt betreut hat. Frau Witt hat mit außergewöhnlichem Einsatz und großer Kompetenz zum Gelingen jedes einzelnen Heftes maßgeblich beigetragen. Dafür danken wir ihr herzlich. Die Art und Weise, wie sie sich mit der »Christiana Albertina« identifiziert hat, ist für die gesamte Redaktion ein Ansporn, damit auch für die Zeitschrift unserer Universität weiterhin gilt: vivat, crescat floreat.

Rudolf Meyer-Pritzl

Peter Thurmann

Adriaen van de Venne
Barbierstube. 1628

Drei Jahre vor Gründung der Christian-Albrechts-Universität zu Kiel starb 1662 der niederländische Maler Adriaen Pietersz van de Venne. Mit höfischen Porträts und Landschaften hatte er sich nach einer ersten Ausbildung in Leiden einen Namen gemacht. Nach seinem Umzug von Middelburg nach Den Haag 1624, wo er im darauffolgenden Jahr in die Lukasgilde aufgenommen wurde, spezialisierte er sich auf die Camaieu, eine farbige Variante der monochromen Grisaillemalerei, oft unter Verwendung moralisierender Sinnsprüche von Jacob Cats (1577-1660).

Als im 18. Jahrhundert nach einer Reihe von Professorenporträts allmählich eine Kunstsammlung der Kieler Universität entstand, galt das Interesse zunächst dem Goldenen Zeitalter der Niederlande.[1] Über die Provenienz der Bilder wusste man schon im 19. Jahrhundert nichts mehr. Bekannt ist lediglich, dass Abraham Bloemaerts Gemälde ›Cimon im Gefängnis (Caritas Romana)‹, um 1610 (Inv. CAU 51), 1790 aus einer Auktion mit Werken aus dem Besitz des verstorbenen ehemaligen Amsterdamer Bürgermeisters Jonas Witsen erworben wurde. Aus einem ähnlichen Zusammenhang dürfte auch van de Vennes ›Barbierstube‹ stammen.

Ein fürstlicher Herr hat im Schatten eines Vorhangs mit seinem Gefolge einen Frisierladen betreten, wo der Meister samt seinen Gehilfen, von Kaufleuten umstanden, mit Scheren einen Kunden bearbeitet. Rechts hinter dem Adligen erwartet ein Alter, wohl ein Jude, die Prozedur. Drastisch treten sich Adel und Geldbürgertum als zwei staatstragende Mächte gegenüber, die über das Schicksal des gemeinen Mannes und der Minderheiten bestimmen. Ihre Devisen sind an der Hinterwand zwei Marinebildern zugeteilt. »Wy met gewelt« (Wir mit Gewalt) heißt es unter dem Kriegsschiff, »Wy om het gelt« (Wir für das Geld) unter dem Handelsschiff. Die Szene lebt von ihrer Realistik, der Hintergrund entfaltet den übergeordneten allegorischen Sinn einer Rivalität zweier konkurrierender Stände.

Rechts an der Bilderwand, direkt neben dem Bord mit weiteren Arbeitsutensilien des Barbiers (und Baders, der auch schröpfen und zur Ader lassen kann), ist ein Laufvogel dargestellt. In einer ersten Version der Barbierstube von 1627 im Besitz des Museums Ferdinandeum in Innsbruck, die bis auf die weniger starke Verschattung des adligen Herren im Bildaufbau dem Kieler Bild im Wesentlichen gleicht, befindet sich dort stattdessen ein Landschaftsgemälde. Bei dem Vogel der Kieler Fassung handelt es sich um einen Helmkasuar, eine kurzbeinige Straußenart, die auf Neuguinea und den Molukken sowie in Australien beheimatet ist.

Adriaen van de Venne, Barbierstube, 1628

Adriaen van de Venne
Delft 1589 – 1662 Den Haag

Barbierstube, 1628
Öl auf Holz, 34,5 x 53 cm

Kunsthalle zu Kiel,
Universitätssammlung,
Inv. CAU 26

Seit 1597 wurden vereinzelte Exemplare durch die Ostindien-Kompanie nach Europa gebracht. Ein Helmkasuar, den Prinz Moritz von Oranien 1614 erhielt, war in einem Freigehege bei Den Haag zu bestaunen. Die Konturen des lang gesuchten Kontinents Terra Australis, damals Neuholland genannt, begannen sich seit 1606 sukzessive abzuzeichnen. Eine Station auf diesem Weg war 1627 eine Expedition unter François Thijssen, die zur Kartierung der Südküste führte. Vielleicht gewann damals die Fauna Australiens und mit ihr der Kasuar neue Bedeutung. Das könnte erklären, warum dieser erst auf dem Kieler Gemälde van de Vennes 1628 auftaucht. So könnte ein winziges Bild im Bild ein zusätzliches Argument des Bürgertums der »Republik der Vereinigten Niederlande« gegenüber dem fürstlichen Statthalter sein – nach dem Motto: Seht her, wir Kaufleute der Ostindien-Kompanie besitzen das Monopol für exotische Tiere – und Kiel hat ein frühes Stückchen des gerade entdeckten Australien in seiner Universitätssammlung.

Anmerkung
[1] Vgl. Ausstellungskatalog CAUboys. Kunst und Universität,
Kunsthalle zu Kiel 28. Februar bis 11. Oktober 2015.

Robert Alexy

Inklusiver Nichtpositivismus.
Zum Verhältnis von Recht und Moral

Eines der fundamentalsten Probleme des Begriffs und der Natur des Rechts ist das Verhältnis von Recht und Moral. Zwei Positionen stehen sich seit mehr als zweitausend Jahren gegenüber: der Positivismus und der Nichtpositivismus.

I. Trennungsthese und Verbindungsthese

Alle Positivisten vertreten die Trennungsthese. In ihrer allgemeinsten Form sagt sie, dass keine notwendige Verbindung zwischen dem Recht, wie es ist, und dem Recht, wie es sein soll, existiert. Eine präzisere Formulierung lautet, dass es keine notwendige Verbindung zwischen rechtlicher Geltung oder rechtlicher Richtigkeit auf der einen Seite und moralischer Richtigkeit auf der anderen Seite gibt.[1] Im Gegensatz dazu vertreten alle Nichtpositivisten die Verbindungsthese. Diese sagt, dass es eine notwendige Verbindung zwischen rechtlicher Geltung oder rechtlicher Richtigkeit auf der einen Seite und moralischer Richtigkeit auf der anderen Seite gibt. Dies impliziert, dass alle positivistischen Theorien bei der Bestimmung des Begriffs und der Natur des Rechts auf zwei Elemente beschränkt sind: auf die ordnungsgemäße Gesetztheit und die soziale Wirksamkeit. Die nichtpositivistischen Theorien schließen demgegenüber ein drittes Element in den Begriff und die Natur des Rechts ein: die inhaltliche Richtigkeit.[2]

II. Formen des Positivismus und des Nichtpositivismus

Die Frage lautet, welche These richtig ist: die Trennungsthese oder die Verbindungsthese? Beide können auf vielfältige Weisen interpretiert werden. Die Beantwortung unserer Frage hängt von diesen Interpretationen ab.

Innerhalb des Positivismus ist die Unterscheidung zwischen dem exklusiven und dem inklusiven Rechtspositivismus die wichtigste Unterscheidung, wenn es um das Verhältnis von Recht und Moral geht. Der exklusive Positivismus, am prominentesten von Joseph Raz vertreten, behauptet, dass die Moral notwendig aus dem Begriff des Rechts ausgeschlossen ist.[3] Der inklusive Positivismus, der etwa von Jules Coleman vertreten wird, sagt, dass die Moral weder notwendig ausgeschlossen noch notwendig eingeschlossen ist. Die Inklusion sei vielmehr eine kontingente oder konventionelle Sache, die davon abhängt, was das positive Recht sagt.[4] Das bedeutet, dass es in beiden Fällen, also sowohl in dem des inklusiven Positivismus als auch in dem des exklusiven Positivismus, ausschließlich darum geht, was ordnungsgemäß gesetzt wurde und sozial wirksam ist, also ausschließlich um soziale Tatsachen. Der inklusive Positivismus ist eine Form des Positivismus, weil die Entscheidung eines bestimmten Rechtssystems, Moral einzuschließen, kontingent oder konventionell ist. Ein Ausschluss der Moral wäre nach ihm gleichermaßen möglich.⁵ Der Nichtpositivismus hält dem exklusiven Positivismus entgegen, dass die Moral nicht notwendig ausgeschlossen ist, und macht gegenüber dem inklusiven Positivismus geltend, dass sie notwendig eingeschlossen ist. Der Nichtpositivismus steht daher zu beiden Formen des Positivismus in einem konträren Verhältnis.

Die Unterschiede innerhalb des Nichtpositivismus sind nicht weniger wichtig als die Unterschiede innerhalb des Positivismus. Von besonderer Bedeutung für die Debatte über den Begriff und die Natur des Rechts sind die Unterschiede, die sich aus unterschiedlichen Auswirkungen moralischer Defekte, also moralischer Unrichtigkeit, auf die rechtliche Geltung ergeben. Der Nichtpositivismus kann die Auswirkung oder Effekte moralischer Defekte auf die rechtliche Geltung auf drei verschiedene Weisen bestimmen. Er kann geltend machen, dass die rechtliche Geltung in allen Fällen moralischer Fehlerhaftigkeit verloren geht, oder dass die rechtliche Geltung in einigen Fällen verloren geht und in anderen nicht, oder, schließlich, dass die rechtliche Geltung in keinem Fall verloren geht.⁶

Die erste Position, nach der jeder moralische Defekt zum Verlust der rechtlichen Geltung führt, ist die radikalste Form des Nichtpositivismus. Diese Position kann als »exklusiver Nichtpositivismus« bezeichnet werden, um zum Ausdruck zu bringen, dass jeder moralische Defekt die rechtliche Geltung ausschließt. Das bedeutet, dass in Fällen moralischer Fehlerhaftigkeit soziale Tatsachen als Rechtsquellen ausgeschlossen werden. Augustinus gibt dieser Position einen klassischen Ausdruck, wenn er sagt: »Denn ein ungerechtes Gesetz scheint mir gar kein Gesetz zu sein«.⁷ Ein jüngeres Beispiel ist Deryck Beylevelds und Roger Brownswords These, »that immoral rules are not legally valid«.⁸

Das radikale Gegenstück zum exklusiven Nichtpositivismus ist der superinklusive Nichtpositivismus. Der superinklusive Nichtpositivismus geht in das andere Extrem. Er macht geltend, dass die rechtliche Geltung durch moralische Defekte niemals berührt wird. Auf den ersten Blick scheint dies eine Version des Positivismus und nicht des Nichtpositivismus zu sein.⁹ Dieser erste Eindruck erweist sich jedoch als falsch, sobald man berücksichtigt, dass es zwei verschiedene Arten des Zusammenhangs zwischen Recht und Moral gibt: einen klassifizierenden und einen qualifizierenden Zusammenhang.¹⁰ Diese zwei Arten des Zusammenhangs unterscheiden sich durch die Effekte moralischer Defekte. Der Effekt eines klassifizierenden Zusammenhangs ist der Verlust der rechtlichen Geltung. Im Gegensatz dazu ist der Effekt eines qualifizierenden Zusammenhangs die rechtliche Fehlerhaftigkeit, die als solche jedoch nicht so weit reicht, dass die rechtliche Geltung verloren geht. Sie begründet aber eine rechtliche Verpflichtung oder zumindest eine rechtliche Ermächtigung höherer Gerichte, ungerechte Urteile niederer Gerichte aufzuheben. Kants Verknüpfung des Postulats der »(un)bedingte(n) Unterwerfung«¹¹ unter das positive Recht mit der Idee einer notwendigen

Unterordnung des positiven Rechts unter das nichtpositive Recht kann als eine Version des superinklusiven Nichtpositivismus verstanden werden.[12] Dasselbe gilt für Thomas von Aquins These, dass ein tyrannisches Gesetz »nicht einfach Gesetz ist«[13] oder, wie John Finnis es formuliert, »not law in the focal sense of the term ›law‹«.[14]

Die dritte Version des Nichtpositivismus, der inklusive Nichtpositivismus, steht zwischen den Extremen des exklusiven Nichtpositivismus und des superinklusiven Nichtpositivismus. Der inklusive Nichtpositivismus behauptet weder, wie der exklusive Nichtpositivismus, dass moralische Defekte immer die rechtliche Geltung aufheben, noch, wie der superinklusive Nichtpositivismus, dass sie dies niemals tun. Er behauptet vielmehr, dass moralische Defekte unter bestimmten Bedingungen die rechtliche Geltung aufheben und unter anderen Bedingungen nicht.

Der inklusive Nichtpositivismus hat seinen prominentesten Ausdruck in der Radbruchschen Formel gefunden, deren kürzeste Form wie folgt lautet: Extremes Unrecht ist kein Recht.[15] Nach dieser Formel heben moralische Defekte die rechtliche Geltung dann und nur dann auf, wenn die Schwelle zur extremen Ungerechtigkeit überschritten wird. Ungerechtigkeit unterhalb dieser Schwelle wird in den Begriff des Rechts als rechtlich fehlerhaftes, aber rechtlich geltendes Recht eingeschlossen. Das bedeutet, dass der inklusive Nichtpositivismus ein erhebliches Maß an Positivität einschließt, also ein erhebliches Maß an Bindung an das ordnungsgemäß Gesetzte und sozial Wirksame. Der Nichtpositivismus des inklusiven Nichtpositivismus liegt, erstens, im Einrichten einer äußersten Grenze des Rechts und, zweitens, in der Qualifikation unmoralischer oder ungerechter Gesetze als nicht nur moralisch, sondern auch rechtlich fehlerhaft. Die praktischen Konsequenzen der Einrichtung einer äußersten Grenze werden deutlich, wenn man die Anwendung der Radbruchschen Formel durch deutsche Gerichte nach der Zerschlagung des Nationalsozialismus im Jahre 1945 und nach dem Zusammenbruch der DDR im Jahre 1989 in den Blick nimmt.[16] Eine praktische Konsequenz der Qualifikation unmoralischer oder ungerechter Gesetze als nicht nur moralisch, sondern auch rechtlich fehlerhaft besteht darin, dass höhere Gerichte die Möglichkeit erhalten, ungerechte Entscheidungen niederer Gerichte wegen rechtlicher Fehlerhaftigkeit aufzuheben.

Die hier präsentierten Klassifikationen könnten den Einwand unkontrollierter Begriffserfindungen auf sich ziehen. »Superinklusiver Nichtpositivismus«, etwa, sei zwar eine neuer Ausdruck, aber führe seine Verwendung über Wortspielereien hinaus zu neuen Einsichten? Nun ist einzuräumen, dass dieser Ausdruck, wie die anderen auch, eine Erfindung ist. Doch das, auf das er sich bezieht, ist keine bloße Erfindung. Im Gegenteil, es ist der logische Raum des Positivismusproblems. Dies lässt sich mit Hilfe der Modallogik einerseits und der Prädikatenlogik andererseits leicht zeigen.

Alle Varianten des Nichtpositivismus machen geltend, dass das Recht notwendig Moral einschließt. Notiert man »I« für »Einschluss« oder »Inklusion«, und »□« für den Modaloperator der Notwendigkeit, kurz, für »notwendig«, so lässt sich die modallogische Struktur des Nichtpositivismus wie folgt darstellen:

(1) □ I.

Um die modallogische Struktur des exklusiven Positivismus zu erfassen, ist zwischen dem Modaloperator und dem »I« ein Negator einzufügen:

(2) □ ¬ I.

Der inklusive Nichtpositivismus schließlich entsteht aus der Konjunktion der Negationen dieser beiden Positionen, also von (1) und (2):

(3) ¬ □ ¬ I & ¬ □ I.

Diese drei Positionen stehen in der Relation der Kontrarität, denn jede der drei schließt die anderen aus, ohne sich aus der Negation einer der beiden anderen zu ergeben. Dies kann durch eine Triade ausgedrückt werden, die den logischen Raum des Positivismusproblems erschöpft, soweit es die Notwendigkeit von Inklusion und Exklusion betrifft:

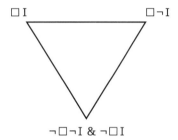

Diese Triade kann »Notwendigkeitstriade« genannt werden.

Es ist für die Struktur des Positivismusproblems von größter Bedeutung, dass die Notwendigkeitstriade durch eine zweite Triade ergänzt werden kann, die die Position des Nichtpositivismus oben links in der Notwendigkeitstriade expliziert. Bei dieser zweiten Triade geht es um die Auswirkungen oder Effekte moralischer Defekte auf die rechtliche Geltung. Der superinklusive Nichtpositivismus macht geltend, dass die rechtliche Geltung durch moralische Defekte niemals berührt wird. Das kann mit Hilfe des Geltungsprädikats »G« und des Allquantors »∀«, der sagt, dass etwas für alle x gilt, wie folgt ausgedrückt werden:

(4) ∀x Gx.

Das extreme Gegenstück zum superinklusiven Nichtpositivismus ist der exklusive Nichtpositivismus, der sagt, dass jeder moralische Defekt die rechtliche Geltung ausschließt. Das kann mit Hilfe eines Negators in die folgende Form gebracht werden:

(5) ∀x ¬ Gx.

Der inklusive Nichtpositivismus, schließlich, ist nichts anderes als die Konjunktion der Negationen dieser beiden Positionen:

(6) ¬∀x¬Gx & ¬∀x Gx.

Wieder lässt sich eine Triade bilden, die wiederum durch Kontrarität definiert ist:

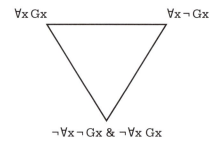

Diese Triade kann als »Quantorentriade« bezeichnet werden.[17] Die Notwendigkeitstriade und die Quantorentriade demonstrieren, zusammengenommen, dass es sich bei den hier präsentierten Klassifikationen nicht um unkontrollierte, sondern um durch die Objekte der Klassifikation höchst kontrollierte und damit höchst objektive Begriffsbildungen handelt.

III. Das Richtigkeitsargument

Die Existenz von zwei Formen des Positivismus und drei Formen des Nichtpositivismus zeigt, dass es in der Debatte zwischen dem Positivismus und dem Nichtpositivismus um weitaus mehr geht als um einen Wettstreit zwischen zwei monolithischen Positionen, die oft als Dichotomie von »Rechtspositivismus« und »Naturrecht« dargestellt werden. Und das ist nicht alles. Die Dinge werden noch komplizierter, wenn man die Tatsache berücksichtigt, dass nicht nur der Positivismus und der Nichtpositivismus in sich komplex sind. Komplexität zeigt sich auch in der Struktur der Argumente für und gegen die verschiedenen Formen des Positivismus und Nichtpositivismus. Der archimedische Punkt dieser Struktur ist das Richtigkeitsargument. Alle anderen Argumente kreisen um dieses Zentrum.

Das Richtigkeitsargument sagt, dass einzelne Rechtsnormen und einzelne rechtliche Entscheidungen ebenso wie das Rechtssystem als Ganzes notwendig einen Anspruch auf Richtigkeit erheben. Ronald Dworkin hat hiergegen eingewandt, dass die Frage, ob die Repräsentanten eines Rechtssystems irgendwelche Ansprüche erheben, eine Frage der empirischen Tatsachen und nicht eine Frage der Notwendigkeit sei.[18] Dieser Einwand kann zurückgewiesen werden, wenn gezeigt werden kann, dass der Anspruch auf Richtigkeit unabhängig von den tatsächlich vorhandenen Ansichten und Intentionen der Repräsentanten des Rechts notwendig implizit im Recht vorhanden ist. Dies kann gezeigt werden, wenn die explizite Negation des Anspruchs auf Richtigkeit zu einem Widerspruch führt.[19] Als Beispiel kann ein fiktiver erster Artikel einer Verfassung dienen, der wie folgt lautet: »X ist eine souveräne, föderale und ungerechte Republik«. Dieser Artikel ist irgendwie absurd. Diese Absurdität ergibt sich aus einem Widerspruch zwischen dem, was implizit bei der Verfassungsgebung beansprucht wird, nämlich dass die Verfassung gerecht ist, und dem, was explizit erklärt wird, nämlich dass sie ungerecht ist. Nun ist Gerechtigkeit ein spezieller Fall der Richtigkeit, denn Gerechtigkeit ist nichts anderes als Richtigkeit in Bezug auf Verteilung und Ausgleich. Deshalb ist der Widerspruch in unserem Beispiel nicht nur ein Widerspruch im Hinblick auf die Dichotomie von gerecht und ungerecht, sondern auch ein Widerspruch im Hinblick auf die Dichotomie von richtig und falsch.

Es ist von größter Bedeutung, dass der Widerspruch in dem Beispiel des fiktiven ersten Artikels zwischen dem Expliziten und dem Impliziten notwendig ist. Er könnte nur vermieden werden, wenn der implizite Anspruch auf Richtigkeit aufgegeben werden würde. Doch dies würde den Übergang von einem Rechtssystem zu einem System nackter Machtbeziehungen bedeuten.[20] Damit zeigt unser Beispiel, dass das Recht und der Anspruch auf Richtigkeit nicht nur aus kontingenten Gründen der Zweckmäßigkeit miteinander verbunden sind, sondern auch – und das bedeutet weitaus mehr – aus Gründen, die einen notwendigen Charakter haben. Diese Verbindung ist keinesfalls auf so fundamentale Akte wie die Verfassungsgebung beschränkt. Sie ist überall im Rechtssystem anzutreffen und kann durch die Absurdität von Entscheidungen wie der folgenden illustriert werden: »Der Angeklagte wird, was eine falsche Interpretation des geltenden Rechts ist, zu lebenslanger Freiheitsstrafe verurteilt«.

Dass das Recht notwendig einen Anspruch auf Richtigkeit erhebt, reicht freilich noch nicht aus, um einen notwendigen Zusammenhang von Recht und Moral zu begründen. Hierzu muss darüber hinaus gezeigt werden, dass der Inhalt des vom Recht erhobenen Anspruchs auf Richtigkeit sich notwendig auf die Moral bezieht.

Der Anspruch des Rechts auf Richtigkeit würde sich nicht notwendig auf die Moral beziehen, wenn es möglich wäre, dass er sich ausschließlich auf soziale Tatsachen bezieht, also auf das, was ordnungsgemäß gesetzt wurde und sozial wirksam ist. Ein Anspruch mit diesem Inhalt würde ein rein positivistischer Anspruch auf Richtigkeit sein. Schwierige Fälle zeigen jedoch, dass die positivistische Interpretation des Richtigkeitsarguments zu erheblichen Problemen führt. Schwierige Fälle entstehen, wenn das positive Recht – also die autoritativen, auf Quellen gestützten Gründe – mehr als eine Entscheidung zulassen. Die Entscheidung, die in solch einem Offenheitsbereich zu fällen ist, ist eine Entscheidung über eine normative Frage, die nicht auf Maßstäbe des positiven Rechts gestützt werden kann, denn könnte sie auf solche Maßstäbe gestützt werden, wäre sie keine Entscheidung im Offenheitsbereich. Wenn sie überhaupt auf irgendwelche Maßstäbe gestützt werden soll, also keine rein willkürliche Entscheidung sein soll, was dem Anspruch auf Richtigkeit widerspräche, muss sie auf andere normative Maßstäbe gestützt werden. In rechtlichen Entscheidungen geht es oft um Fragen der Verteilung und des Ausgleichs. Fragen der Verteilung und des Ausgleichs sind Fragen der Gerechtigkeit. Fragen der Gerechtigkeit aber sind moralische Fragen. Auf diese Weise impliziert die offene Struktur des Rechts zusammen mit der Natur rechtlicher Fragen, dass der beim rechtlichen Entscheiden erhobene Anspruch auf Richtigkeit sich notwendig nicht nur auf autoritative, auf Quellen gestützte Gründe bezieht, sondern auch auf moralische Gründe. Dies aber bedeutet, dass der im Recht notwendig erhobene Anspruch auf Richtigkeit zu einer notwendigen Inklusion der Moral in das Recht führt.[21]

IV. Die Doppelnatur des Rechts

Hans Kelsen hat gegen den Nichtpositivismus eingewandt, dass dieser »eine absolute, das heißt zu allen Zeiten und überall geltende Moral«[22] voraussetze, und dem hinzugefügt, dass eine solche absolute Moral nicht existiere. Man kann dies das »Relativismusargument« nennen.[23] Die Frage, ob Kelsens auf den Relativismus gegründeter Einwand schlagend ist, ist eine Frage der Interpretation. Wenn man den Einwand so versteht, dass er sagt, dass es keinen Fall gibt, in dem nur eine richtige moralische Antwort gegeben werden kann, dann scheitert er.[24] Es gibt Fälle schwerer Eingriffe in Menschenrechte, in denen nur eine moralische Antwort richtig oder wahr ist, nämlich die, dass der Eingriff Menschenrechte verletzt und aus diesem Grund moralisch falsch ist. Die Existenz solcher Fälle reicht als epistemologische oder metaethische Basis des Nichtpositivismus aus. Wenn man jedoch Kelsens Einwand so interpretiert, dass er sagt, dass eine Zahl von Fällen existiert, sogar eine beträchtliche Zahl, in denen »reasonable disagreement«[25] über das, was moralisch richtig oder falsch ist, möglich ist, dann gründet sich Kelsens Argument zwar auf eine richtige epistemologische oder metaethische These, es reicht aber, und das ist der Punkt, als Argument gegen den Nichtpositivismus nicht mehr aus. Der Nichtpositivismus ist mit vernünftiger Nichtübereinstimmung vereinbar, wenn es möglich ist, in Diskursen eine Annäherung an die Wahrheit oder Richtigkeit zu erreichen, und wenn es zumindest einige Fälle gibt, in denen nur eine moralische Antwort richtig ist, eine vernünftige Nichtübereinstimmung also nicht möglich ist. Eine Annäherung an die Wahrheit oder Richtigkeit ist möglich, weil rationale praktische Diskurse möglich sind, und es gibt Fälle, in denen nur eine moralische Antwort möglich ist, weil andere Antworten in ihnen diskursiv unmöglich sind – wie etwa der rechtliche Status als Sklave oder die Abschaffung der Religionsfreiheit.[26]

Die Existenz vernünftiger Nichtübereinstimmung bedeutet, dass es eine beträchtliche Zahl sozialer Probleme gibt, die nicht allein mit moralischen Argumenten gelöst werden können. Man kann dies das »Problem praktischer Erkenntnis« nennen. Das Problem praktischer Erkenntnis kann nur durch rechtlich geregelte Prozeduren, die eine Entscheidung garantieren, gelöst werden. Das ist der Schritt von der Moral zum positiven Recht, wie er, zum Beispiel, von Kant beschrieben wird.[27] Hinzu kommt, dass das Problem der praktischen Erkenntnis nicht das einzige Problem ist, das nur durch positives Recht gelöst werden kann. Ein zweites Problem ist das der Durchsetzung. Wenn es möglich ist, das Recht zu verletzen, ohne irgendein Risiko einzugehen, und wenn einige von dieser Möglichkeit zu ihrem Vorteil Gebrauch machen, dann ist die Befolgung der entsprechenden Regelung insgesamt nicht mehr gesichert. Kurzum: Prozeduren der Erzwingung des Rechts sind notwendig. Hinzu kommt als Drittes das Problem der Organisation. Moderne Gesellschaften können ohne positives Recht nicht effektiv organisiert werden.

Die Notwendigkeit, diese drei Probleme zu lösen, und mit ihr die Notwendigkeit der Positivität, also der ordnungsgemäßen Gesetztheit und sozialen Wirksamkeit, folgt aus den moralischen Forderungen, die Kosten von Anarchie und Bürgerkrieg zu vermeiden und die Vorteile sozialer Koordination und Kooperation zu verwirklichen. Als moralische Gründe sind diese Gründe Elemente des Inhalts des Anspruchs des Rechts auf Richtigkeit. Dies impliziert, dass der Anspruch des Rechts auf Richtigkeit als Anspruch auf moralische Richtigkeit notwendig Elemente der Positivität einschließt. Dies bedeutet jedoch nicht, dass der Anspruch auf Richtigkeit nur Elemente der Positivität einschließt. Das ist der Fehler des superinklusiven Nichtpositivismus. Der Anspruch auf inhaltliche Richtigkeit – also, in erster Linie, der Anspruch auf Gerechtigkeit – verschwindet mit der Institutionalisierung des Rechts nicht. Er bleibt lebendig hinter dem und im Recht. Aus diesem Grund ist zwischen zwei Stufen oder Ordnungen der Richtigkeit zu unterscheiden: Richtigkeit erster Ordnung und Richtigkeit zweiter Ordnung.

Bei der Richtigkeit erster Ordnung geht es um die Gerechtigkeit als solche. Die Richtigkeit zweiter Ordnung ist umfassender. Sie bezieht sich sowohl auf die Gerechtigkeit als auch auf die Positivität. Gerechtigkeit repräsentiert die ideale oder kritische Dimension des Rechts, Positivität seine reale, faktische oder institutionelle Dimension. Der Anspruch auf Richtigkeit als Anspruch zweiter Ordnung vereint die reale und die ideale Dimension des Rechts. Er ist Ausdruck der Doppelnatur des Rechts.[28]

Die Doppelnatur des Rechts impliziert, dass das Recht notwendig zwei Prinzipien einschließt: das Prinzip der Gerechtigkeit und das Prinzip der Rechtssicherheit. Das Prinzip der Rechtssicherheit ist ein formelles Prinzip. Es fordert die Bindung an das ordnungsgemäß Gesetzte und sozial Wirksame. Das Prinzip der Gerechtigkeit ist ein materielles Prinzip. Es fordert, dass die Entscheidung moralisch richtig ist. Diese beiden Prinzipien können, wie Prinzipien ganz allgemein, kollidieren, und sie tun dies oft. Keines kann jemals das andere vollständig, also in alles Fällen, verdrängen. Im Gegenteil, die Doppelnatur des Rechts verlangt, dass sie in ein richtiges Verhältnis zueinander gesetzt werden. Das aber kann nur durch Abwägen geschehen. Die Idee einer äußersten Grenze des Rechts ist das Ergebnis einer solchen Abwägung, einer Abwägung zwischen den Prinzipien der Rechtssicherheit und der Gerechtigkeit.

V. Äußerste Grenze

Die Radbruchsche Formel, die in ihrer kürzesten Form sagt, dass extremes Unrecht kein Recht ist, ist der klassische Ausdruck der Idee einer äußersten Grenze des Rechts.[29] Mit dieser Formel wird die positivistische These zurückgewiesen, dass »jeder beliebige Inhalt Recht sein« kann.[30] Kelsen illustriert diese These mit der Bemerkung: »Nach dem Recht totalitärer Staaten ist die Regierung ermächtigt, Personen unerwünschter Gesinnung, Religion oder Rasse in Konzentrationslager zu sperren und zu beliebigen Arbeiten zu zwingen, ja zu töten«.[31] Das Töten von Personen in Konzentrationslagern wegen unerwünschter Gesinnung, Religion oder Rasse ist ein klarer Fall extremen Unrechts. Deshalb können Normen, die Staatsorgane ermächtigen, derartiges zu tun, nach der Radbruchschen Formel kein geltendes Recht sein. Vom positivistischen Standpunkt aus ist die Sache anders. Wenn diese Normen ordnungsgemäß gesetzt wurden und sozial wirksam sind, dann sind sie geltendes Recht. Das gilt auch für den inklusiven Positivismus, wenn das positive Recht sich nicht tatsächlich und auf eine sozial wirksame Weise auf moralische Prinzipien bezieht, die die Tötungen ausschließen. Vom nichtpositivistischen Standpunkt aus hängt alles von der Abwägung des Prinzips der Rechtssicherheit mit dem der Gerechtigkeit ab. Das Prinzip der Rechtssicherheit spricht dafür, dass die Norm in Kelsens Beispiel rechtlich gilt, das Prinzip der Gerechtigkeit fordert das entgegengesetzte Ergebnis. Die Bestimmung des Vorrangs durch Abwägung hängt wesentlich von der Intensität des Eingriffs in die kollidierenden Prinzipien ab.[32] Die in Frage stehende Norm nicht als ungültig anzusehen, würde einen extrem intensiven Eingriff in das Prinzip der Gerechtigkeit darstellen, denn die Gerechtigkeit schließt die Menschenrechte ein, und der Eingriff in Menschenrechte in Kelsens Beispiel ist extrem. Auf der anderen Seite ist der Eingriff in das Prinzip der Rechtssicherheit durch die Einstufung der Norm als rechtlich ungültig recht begrenzt. Selbst in totalitären Staaten überschreitet eine große Zahl der Normen nicht die Schwelle der extremen Ungerechtigkeit. Damit steht das Ergebnis der Abwägung fest, und dieses Ergebnis entspricht genau der Radbruchschen Formel und damit dem inklusiven Nichtpositivismus, wie er durch diese Formel definiert wird. Im Gegensatz dazu müssen der superinklusive Nichtpositivismus und der exklusive Nichtpositivismus scheitern. Der superinklusive Nichtpositivismus scheitert, weil er der Gerechtigkeit ein zu geringes Gewicht gibt, und der exklusive Nichtpositivismus scheitert, weil er ein zu geringes Gewicht der Rechtssicherheit gibt.

VI. Teilnehmer und Beobachter

Gegen diese Begründung der Radbruchschen Formel könnte eingewandt werden, dass sie fehlerhaft sei, weil sie sich auf normative Argumente stütze, nämlich auf die Prinzipien der Gerechtigkeit und der Rechtssicherheit. Bei der Frage nach der Natur des Rechts gehe es aber darum, was das Recht ist, und was ein Ding ist, könne nicht durch normative Argumente bestimmt werden.[33]

Bei der Antwort auf diesen Einwand ist die Unterscheidung zwischen der Beobachterperspektive und der Teilnehmerperspektive von fundamentaler Bedeutung.[34] Ein Beobachter fragt danach und führt Argumente dafür an, wie rechtliche Fragen tatsächlich in einem Rechtssystem entschieden werden, während ein Teilnehmer danach fragt und dafür Argumente anführt, was die richtige Antwort auf eine rechtliche Frage ist. Die Beobachterperspektive ist durch die Frage »Wie werden rechtliche Entscheidungen tatsächlich getroffen?« definiert, die des Teilnehmers durch die Frage »Was ist die richtige rechtliche Entscheidung?«

Der Positivismus gibt die Beobachterperspektive richtig wieder.[35] Aus dieser Perspektive hängt das, was das Recht ist, ausschließlich davon ab, was tatsächlich entschieden wurde und sozial wirksam ist. Im Gegensatz dazu setzt die Teilnehmerperspektive den Nichtpositivismus voraus. Für einen Teilnehmer ist das Recht das, was richtig ist, für das Recht gehalten zu werden. Das, was richtig ist, für das Recht gehalten zu werden, aber hängt nicht nur von sozialen Tatsachen ab, sondern auch von moralischen Gründen. Auf diese Weise spielen normative Argumente, sobald die Teilnehmerperspektive eingenommen wird, eine notwendige Rolle bei der Beantwortung der Frage, was das Recht ist. Und die Teilnehmerperspektive muss eingenommen werden, denn Recht ist ohne Beobachter möglich, nicht aber ohne Teilnehmer.

Anmerkungen

1 Robert Alexy, On the Concept and the Nature of Law. In: Ratio Juris 21 (2008), S. 284-285.
2 Robert Alexy, Begriff und Geltung des Rechts, 5. Aufl., Freiburg u. München 2011, S. 16-17.
3 Joseph Raz, The Authority of Law, 2. Aufl., Oxford 2009, S. 47.
4 Jules Coleman, Authority and Reason. In: Robert P. George (Hg.), The Autonomy of Law, Oxford 1996, S. 316.
5 Robert Alexy, Law, Morality, and the Existence of Human Rights. In: Ratio Juris 25 (2012), S. 4.
6 Alexy, On the Concept and the Nature of Law (Fn. 1), S. 287.
7 Augustinus, De libero arbitrio – Der freie Wille, übers. u. hrsg. v. Johannes Brachtendorf, Paderborn 2006, S. 86-87: »Nam lex mihi esse non videtur, quae iusta non fuerit«.
8 Deryck Beyleveld u. Roger Brownsword, Human Dignity in Bioethics and Biolaw, Oxford 2001, S. 76.
9 Jeremy Waldron, Kant's Legal Positivism. In: Harvard Law Review 109 (1996), S. 1566.
10 Alexy, Begriff und Geltung des Rechts (Fn. 2), S. 48-49.
11 Immanuel Kant, Metaphysik der Sitten. In: Kant's gesammelte Schriften, Bd. VI, hg. v. d. Königlich Preußischen Akademie der Wissenschaften, Berlin 1907, S. 372.
12 Alexy, On the Concept and the Nature of Law (Fn. 1), S. 289; ders., Die Doppelnatur des

Rechts. In: Der Staat 50 (2011), S. 399-400.

13 Sancti Thomae de Aquino Summa Theologiae, 2. Aufl., Turin 1988, S. 947 (I-II, q. 92, a.1): »non est simpliciter lex«.

14 John Finnis, Natural Law and Natural Rights, Oxford 1980, S. 364.

15 Gustav Radbruch, Gesetzliches Unrecht und übergesetzliches Recht. In: Gustav Radbruch. Gesamtausgabe, hg. v. Arthur Kaufmann, Bd. 3, Heidelberg 1990, S. 89; Robert Alexy, A Defence of Radbruch's Formula. In: M.D.A. Freeman, Lloyd's Introduction to Jurisprudence, 8. Aufl., London 2008, S. 427-428.

16 Alexy, A Defence of Radbruch's Formula (Fn. 15), S. 428-432.

17 Eingehender zu den beiden Triaden Alexy, Law, Morality, and the Existence of Human Rights (Fn. 5), S. 3-7.

18 Ronald Dworkin, Justice in Robes, Cambridge Mass. 2006, S. 200.

19 Alexy, Begriff und Geltung des Rechts (Fn. 2), S. 64-70.

20 Robert Alexy, Recht und Richtigkeit. In: Werner Krawietz, Robert S. Summers, Ota Weinberger u. Georg Henrik von Wright (Hg.), The Reasonable as Rational? On Legal Argumentation and Justification. Festschrift for Aulis Aarnio, Berlin 2000, S. 11-12.

21 Robert Alexy, An Answer to Joseph Raz. In: George Pavlakos (Hg.), Law, Rights and Discourse. The Legal Philosophy of Robert Alexy, Oxford 2007, S. 49-50.

22 Hans Kelsen, Reine Rechtslehre, 2. Aufl., Wien 1960, S. 71.

23 Alexy, Begriff und Geltung des Rechts (Fn. 2), S. 92-97.

24 Alexy, Law, Morality, and the Existence of Human Rights (Fn. 5), S. 8-13.

25 John Rawls, Political Liberalism, New York 1993, S. 55.

26 Robert Alexy, Theorie der juristischen Argumentation, 7. Aufl., Frankfurt a.M. 2012, S. 233-257.

27 Kant, Metaphysik der Sitten (Fn. 11), S.312.

28 Alexy, Die Doppelnatur des Rechts (Fn. 12), S. 396-398.

29 Radbruch (Fn. 15), S. 89; Alexy, A Defence of Radbruch's Formula (Fn. 15), S. 428.

30 Kelsen, Reine Rechtslehre (Fn. 22), S. 201.

31 Ebd., S. 42.

32 Robert Alexy, Theorie der Grundrechte, 3. Aufl., Frankfurt a.M. 1996 (3. Nachdr. 2011), S. 146.

33 Joseph Raz, On the Nature of Law. In: ARSP 82 (1996), S. 7; Andrei Marmor, Debate. In: Anales de la cátedra francisco suárez 39 (2005), S. 778.

34 Alexy, Begriff und Geltung des Rechts (Fn. 2), S. 47-48.

35 Ebd., S. 51-63.

Robert Alexy geb. 1945 in Oldenburg i.O. Studium der Rechtswissenschaft und der Philosophie in Göttingen. Dort 1976 Promotion mit der Arbeit ›Theorie der juristischen Argumentation‹ und 1984 Habilitation mit der Schrift ›Theorie der Grundrechte‹. Seit 1986 Professor für Öffentliches Recht und Rechtsphilosophie in Kiel. Rufe nach Regensburg, Graz und Göttingen. 2013 Eintritt in den Ruhestand. Seit 2002 ordentliches Mitglied der Akademie der Wissenschaften zu Göttingen. 2010 Bundesverdienstkreuz 1. Klasse. Seit 2008 14 Ehrendoktorwürden. 2013 Wissenschaftspreis der Stadt Kiel.

Prof. Dr. Dr. h.c. mult. Robert Alexy
Hermann Kantorowicz-Institut
für juristische Grundlagenforschung
Olshausenstraße 40
D-24118 Kiel
E-Mail: alexy@law.uni-kiel.de

Dirk Brandis

Karl August Möbius und das Problem der Fliegenden Fische

Im Jahre 1874 rüsteten viele europäische Nationen sowie die Vereinigten Staaten Expeditionen aus, um ein astronomisches Großereignis zu erforschen: den Durchgang des Planeten Venus vor der Sonnenscheibe. Bei einem solchen Venustransit handelt es sich um ein seltenes astronomisches Phänomen, das in etwa 120 Jahren zweimal auftritt. Der letzte Venusdurchgang fand am 6. Juni 2012 statt, der nächste wird sich erst 2117 ereignen. Im 19. Jahrhundert hatte der Venustransit enorme Bedeutung für die Wissenschaft, weil die Beobachtung von Venusdurchgängen durch verschiedene Forscher von verschiedenen Standpunkten auf der Erde aus und anschließende Vergleiche der Ergebnisse eine Bestimmung der Distanz Erde-Sonne möglich machte, einer zentralen astronomischen Messgröße.

Auch das deutsche Kaiserreich beteiligte sich mit insgesamt fünf Expeditionen an diesen Beobachtungen. Da der Venusdurchgang von 1874 am besten im Indischen Ozean zu beobachten war, mussten die deutschen Wissenschaftler für ein brauchbares Ergebnis Stationen im nördlichen und südlichen Indopazifik besetzen: Im Norden waren dies die Orte Tschifu (China) und Isfahan (Persien), im Süden die Inseln Mauritius, Kerguelen (Französische Süd-Territorien) und die subantarktische Auckland-Insel südlich von Neuseeland.

In der astronomisch begründeten Mauritius-Expedition sah der Kieler Zoologe Karl August Möbius die Möglichkeit, seinen langgehegten Wunsch, die Meeresfauna der Tropen aus eigener Anschauung kennenzulernen, zu erfüllen. Die bislang von Möbius in Nord- und Ostsee durchgeführten faunistischen und ökologischen Studien sowie die Entwicklung des Biozönose-

Abb. 1
Deutsche Expedition zur Beobachtung des Venustransits am 9.12.1874 in Isfahan, Iran (Gedenksteine).
Foto: Hans Bernhard via Wikimedia Commons

Dirk Brandis

begriffs an Austernbänken machten Möbius zu einem geradezu idealen unvoreingenommenen Wissenschaftler, um die Vielfalt und Ökologie tropischer Regionen zu untersuchen und weit über den rein faunistisch-beschreibenden Charakter hinaus grundlegende Erklärungen und Zusammenhänge zu entwickeln[1].

Daher bat Möbius den Minister der Geistlichen, Unterrichts- und Medizinalangelegenheiten Dr. Adalbert Falk, zugleich mit einem Astronomen auch einen Zoologen nach Mauritius zu entsenden. Nachdem Kaiser Wilhelm I. die dafür notwendigen finanziellen Mittel bewilligt hatte, bekam Möbius von Minister Falk den Auftrag, sich »behufs zoologischer Untersuchungen und Anlegung von Sammlungen« im August 1874 auf ein halbes Jahr nach Mauritius zu begeben[2]. Die Expedition wurde aus zoologischer Sicht ein überwältigender Erfolg. Erstmals verfügte die Wissenschaft danach über umfangreiche Sammlungen aus dem westlichen Indischen Ozean, erstmals lagen gut dokumentierte Organismen aus tropischen Korallenriffen, Flussmündungen und Sandflächen vor, und über bestimmte Arten brachte Möbius erstmals sorgfältig beschriebene Lebendbeobachtungen und experimentelle Erkenntnisse mit. Aber nicht nur die Ergebnisse der Forschungen aus Mauritius machten die Reise bedeutsam, sondern auch Untersuchungen, die Möbius während der Reise betrieb.

Eine der wichtigsten Studien, die Möbius während seiner Schiffsreisen durchführte, war seine Beschäftigung mit dem Flugverhalten von sogenannten Fliegenden Fischen, die er häufig auf seiner Reise im Indischen Ozean beobachtete: »Wenn ich mir den freien indischen Ocean in seiner schönsten Pracht vorstelle, so sehe ich unter einem sonnigen blauen Himmel ein unendliches dunkelblaues Meer mit mächtigen Wogen, und auf den schäumenden und rauschenden Wogen ein Schiff sich heben und senken und wieder heben, und plötzlich vor dem Bug des Schiffes Fliegende Fische nach allen Seiten nebeneinander und hintereinander über die Wogen dahinschiessen. Die fliegenden Fische blieben stets in der Nähe der Meeresfläche, und viele derselben legten eine Strecke zurück, die länger war als unser Schiff«[3].

Bei Fliegenden Fischen handelt es sich um eine Verwandtschaft, bei denen die Brustflossen flügelartig vergrößert sind (links); bei einigen Arten sind zusätzlich auch die Bauchflossen in ähnlicher Weise vergrößert (rechts).

Abb. 2a (links)
»Zweiflügliger«
Fliegender Fisch
Exocoetus obtusirostris
copyright Wikipedia

Abb. 2b (rechts)
»Vierflügliger«
Fliegender Fisch
Hirundichthys sp.
copyright Wikimedia Commons

Abb. 3
Karl August Möbius,
Die Bewegungen der
Fliegenden Fische
durch die Luft.
Leipzig 1878

Viele bedeutende Forschungsreisende seiner Zeit beschäftigten sich mit dem Phänomen der Fliegenden Fische und entwickelten Erklärungen für den Flug und die Ursachen dieser Anpassung. Zu nennen sind hier Alexander von Humboldt[4], Charles Darwin[5] oder Eduard von Martens[6]. Möbius' Beschäftigung mit dem Thema führte zu einer Publikation, die über die reine wissenschaftliche Erkenntnis für das Verständnis seiner Denkweise und Forschungstätigkeit von entscheidender Bedeutung ist und die nachhaltige Wirkungen auf die spätere Entwicklung von Fluggeräten hatte[7].

Eine der Ursachen für die Publikation waren deutliche Diskrepanzen zwischen Möbius' eigenen Beobachtungen und den in der Literatur vertretenen Modellen zum Flug der Fliegenden Fische. Die »Lehrmeinung« zu Möbius' Zeit vertrat die Ansicht, dass Fliegende Fische sich durch aktive Flugbewegungen fortbewegen. Geprägt war diese Ansicht vor allem von den Reiseberichten Alexander von Humboldts.

Möbius stand diesen Ansichten von Anfang an sehr kritisch gegenüber. Als außerordentlich genauer und sorgfältiger Beobachter begann er deshalb seine Untersuchung mit äußerlichen, durch Beobachtung wahrnehmbaren Phänomenen: »Flatternde Bewegungen der großen, ziemlich glänzenden Brustflossen würden sich durch abwechselndes Erscheinen und Verschwinden des von ihnen reflectirten Lichtes bemerkbar machen. Sie würden keinem aufmerksamen Beobachter, der von der Höhe des Schiffes herab die Brustflossen fast in ihrer vollen Ausdehnung übersieht, entgehen. Aber ich habe, so oft und so lange ich fliegende Fische, welche in der Nähe unseres Schiffes aus dem Wasser fuhren, mit meinen eigenen Augen verfolgen konnte, niemals in ähnlicher Weise reflectirtes Licht von den Brustflossen empfangen, wie von den Flügeln fliegender Vögel oder Fledermäuse«[8].

Einige Forscher in der Nachfolge Humboldts nahmen aufgrund bestimmter akustischer Phänomene sogar einen Schwirrflug, ähnlich dem der Kolibris, an. Möbius kritisiert diese Annahmen und formuliert in der Kritik sehr deutlich seine eigenen Wissenschaftsprinzipien: »Wer den Brustflossen flügelartige Schwungbewegungen von fast nicht mehr wahrnehmbarer Geschwindigkeit beimisst, wie mehrere der oben citirten Autoren, der hat erst zu beweisen, dass fliegende Fische auch wirklich die Kräfte besitzen, sie auszuführen, ehe er erwarten darf, dass seine Behauptung in eine wissenschaftlich begründete Theorie aufgenommen werde.«[9] Durch Untersuchungen von lebenden und toten Fliegenden Fischen konnte Möbius eine sehr viel besser begründete Theorie zu den Schwirrgeräuschen präsentieren, die er mit einem einfachen, aber wirkungsvollen Experiment unterlegte: »Das schnelle Schwirren oder Vibriren der ausgebreiteten Brustflossen, welches manche Beobachter fliegender Fische verleitet hat, ihnen wirkliche Flugbewegungen zuzuschreiben, entsteht nicht etwa durch Muskelarbeit, sondern kommt dadurch zustande, dass die Elasticität der ausgespannten Flossenplatte und der Luftdruck einander abwechselnd entgegen wirken ...

Die Richtigkeit dieses Gedankens hat mir ein einfaches Experiment bewiesen. Ich hielt die ausgespannten Brustflossen eines Exocoetus bahiensis und eines E. rufipinnis in geringer Neigung vor die Mündung eines grossen Blasebalgs. Wenn ich nun einen kräftigen Luftstrom unter ihnen wegstreichen liess, so geriethen die elastischen Theile derselben in schnelle Vibrationen, machten also dicht vor meinen Augen dieselben rapiden schwirrenden Bewegungen, welche verschieden gute Beobachter fliegender Fische für Flugbewegungen von solcher Geschwindigkeit hielten, das sie kaum noch wahrgenommen werden.«[10]

In der Folge trat Möbius mit der Kombination unterschiedlichster Untersuchungsmethoden den Beweis an, wie der »Flug« der Fliegenden Fische tatsächlich zustande kommt. Die Frage nach der Möglichkeit eines aktiven Fluges überprüfte Möbius, indem er zunächst die Flügelschlagbewegungen verschiedener Vogelarten analysierte und die Verkürzungsgeschwindigkeit ihrer Muskulatur feststellte. In Kiel ließ er durch Viktor Hensen, den Leiter des Physiologischen Institutes, physiologisch die Zuckungsdauer eines Muskelstückes von der Bauchseite eines Seeskorpions aus dem Kieler Hafen untersuchen. Wie sich herausstellte, sind die Fischmuskeln viel zu langsam.[11] Zusätzlich zeigte Möbius anatomisch, dass die Bauchmuskeln der Fliegenden Fische viel zu klein sind, um einen aktiven Flug zu ermöglichen. Schließlich untersuchte er die Fläche der Brustflossen und konnte unter Einbeziehung physikalischer Überlegungen zeigen, dass die Brustflossen für den aktiven Flug viel zu kurz sind: »Mögen daher die Brustflossen der Fliegenden Fische als Träger der Körperlast fast ebenso viel leisten, wie der Flügel der Vögel, weil sie diesem in Rücksicht der Flächengrösse ziemlich nahe kommen, so sind sie dagegen ihrer Kürze wegen zum wirklichen Fliegen nicht geeignet, und außerdem auch deshalb nicht, weil ihnen die Fähigkeit abgeht, sich bei der Hebung derart zusammenzulegen, dass sie einen ebenso geringen Luftwiderstand erfahren, wie die sich hebenden Flügel der Vögel und Fledermäuse.«[12]

Die physiologischen und physikalischen Untersuchungen unterlegte Möbius mit einer gründlichen Analyse der Anatomie der Fliegenden Fische. Dreierlei fiel ihm dabei besonders auf: 1. die Stärke der Körperseitenmuskulatur, 2. die relative Kleinheit der Bauchmuskulatur, 3. die Größe der Schwimmblase.

Bei der Untersuchung der Schwimmblase widersprach Möbius Alexander von Humboldt, der vermutet hatte, dass die Größe der Schwimmblase als Flugerleichterung diene.[13] Möbius konnte Humboldts Annahmen durch Gewichtsbestimmung von Gasinhalt und Darminhalt widerlegen. Er schlug unter Einbeziehung einer weiteren Untersuchung Humboldts über die Gase der Schwimmblase eine Funktion als Sauerstoffspeicher vor.

Aus all seinen Untersuchungen entwickelte Möbius ein völlig neues und vielseitig begründetes Funktionsmodell für den Fischflug: »Die Wege der fliegenden Fische sind also keine Flugbahnen; es sind Wurfbahnen, deren Form und Größe abhängt von der Größe der Anfangsgeschwindigkeit, von der Körperlast und von der Ausdehnung und Neigung der tragenden Flächen der Brust- und Bauchflossen und des Bauches. Der Werfer ihres Körpers sind die stark ausgebildeten Seitenrumpfmuskeln. Alle Fische mit dicken Seitenrumpfmuskeln können sich schon im Wasser mit großer Kraft vorwärtstreiben; es ist daher sehr begreiflich, dass die Fliegenden Fische am Anfang ihrer Bahn durch die Luft eine enorme Geschwindigkeit entwickeln, denn die Luft leistet ihrem Körper viel weniger Widerstand als das Wasser.«[14]

Möbius konnte auch erklären, wie die Fische über den Wellenbergen in die Höhe steigen: »Sie steigen nicht aktiv in die Höhe, sondern werden durch aufsteigende Luftströmungen gehoben, welche von unten her in die Furchen ihrer Brustflossen eingreifen ... Für diese Hebungen der Exocoeten in ihrer Flugbahn sind die Furchen auffallend erhaltungsmässige Windfänge. Ihre Form und Lage ist derart, dass der aufsteigende Luftstrom, wenn er sie füllt, den Fisch höher und zugleich vorwärts schieben muss.«[15]

Möbius ergänzte sein Modell durch Beobachtungsergebnisse eines anderen Flugfisches, des Helm-Knurrhahns (Dactylopterus orientalis): »Ich fuhr mit meine Fischern in einem Kahn im hellen Sonnenschein über den ruhigen Theil des Küstenriffes, als der Dactylopterus vor uns aus dem klaren Wasser kam und schnell, wie eine Schwalbe, dicht über die glatte Oberfläche hinschwebte. Wir verfolgten ihn mit kräftigem Vorwärtsstossen des Kahns. Seine prachtvoll blau gefleckten Brustflossen blieben als zwei grosse Platten zu beiden Seiten des Körpers unbewegt entfaltet. Davon habe ich mich mit solcher Sicherheit überzeugt, dass ich kein Bedürfnis fühle, mich über die Richtigkeit meiner Wahrnehmung noch durch Berufung auf ähnliche Beobachtungen Anderer erst vollkommen zu beruhigen. Der Fisch würde mit den Brustflossen auf das Wasser geschlagen haben, wenn er sie flatternd bewegt hätte, so nahe war dem Meeresspiegel. Dieser behielt aber auch unter ihm seine Ruhe und Glätte. Als der Kahn dem Fische nicht mehr folgen konnte, weil das Wasser zu flach ward, sprang einer der Fischer ihm nach und fing ihn mit den Händen.«[16]

Mit diesem Modell fand Möbius auch eine Erklärung für ein Phänomen, das sogar die einfachen Seeleute beschäftigte: »Eines Abends, als ich bei sternklarem Himmel auf Deck sass, und mir den Wind ins Gesicht wehen liess, streifte ein fliegender Fisch meinen Kopf und fiel dann hinter mir nieder. – Wenn fliegende Fische keine wirklichen Flugbewegungen machen können, wie ist es ihnen dann möglich, auf Schiffe zu gelangen, die 4 – 5 m aus dem Wasser ragen?«[17] Möbius stellt zunächst fest, »daß sie fast nur bei Nacht und von der Windseite her an Bord kommen.«[18] Er erklärt dieses Phänomen mit einer Beobachtung aus Helgoland, als er bei auflandigem Sturm an der Felsküste starke aufsteigende Luftströme feststellt, die durch den Aufprall des Windes auf die senkrechte Felswand entstehen: »Gerade ebenso kann der an der Schiffswand aufsteigende Luftstrom fliegende Fische über die Schanzbekleidung der Windseite hinwegführen und auf Deck niederfallen lassen, während er selbst weiterweht ... Die ausgespannten Flossen befördern offenbar die steile Auffahrt eines jeden Exocoetus, der gegen das Schiff gewendet aus dem Wasser fährt. Denn in dem Augenblicke wo, die Flossen in den aufsteigenden Luftstrom eintreten, fährt dieser in ihre Windfänge, richtet die orale Achse des Fisches vertikal und führt in im Bogen über die Schanzbekleidung der Windseite hinüber. Oben über dem Schiffe fährt kein hebender Gegenwind unter seine Flossen; er fängt an zu sinken und stürzt – denn fliegen kann er ja nicht – unbehülflich und schwerfällig, gleich einem Todten auf das Verdeck.«[19]

Karl August Möbius und die Evolutionstheorie

Die ganze Abhandlung zeigt deutlich die modernen Ansätze in Möbius' Arbeitsweise. Möbius hatte sich zum Ziel gesetzt, Beobachtungen exakt zu definieren, möglichst zu quantifizieren und experimentelle, d. h. an den Naturgegenstand Fragen stellende Arbeitsmethoden zu entwickeln[20]. Nur so ließen sich begründbare naturwissenschaftliche Antworten finden.

Die hier zitierte Publikation zeigt auch deutlich den Einfluss von Charles Darwin auf Möbius' Denkweise, denn nachdem er die naturwissenschaftlichen Problematiken der Fliegenden Fische aufgeklärt hat, stellt er im Sinne Darwins die Frage nach den Ursachen und der Geschichte dieser Umbildungen. Interessanterweise greift Möbius dabei auf eine Kombination aus den Ideen des Lamarckismus, die erbliche Weitergabe erworbener Eigenschaften an die Nachkommen, und der Darwinschen Selektionstheorie zurück und entwickelt einen Entwurf, wie Fliegende Fischen aus normal-flossigen Fischvorfahren entstanden sein könnten: »Man kann sich nach den Principien der Lamarck-Darwinschen Umbildungslehre vorstellen, die Fische mit grossen Fallschirmflossen seien durch langsam fortschreitende Umbildungen aus Fischen mit Flossen von gewöhnlicher Größe entstanden, und zwar aus solchen Artformen, welche sich in oberflächlichen Wasserschichten aufhielten, wo das Wasser am reichlichsten durchlüftet ist. Bei solchen bildete sich daher das Bedürfnis nach Luft so stark aus, dass sie sich besonders behaglich fühlen, wenn sie bei kräftigen Schwimmbewegungen auf Augenblicke aus dem Wasser fuhren ... Erinnerung an dieses Behagen konnte sie zu öfteren absichtlichen Luftsprüngen veranlassen, wodurch die Seitenrumpfmuskeln häufig in sehr kräftige Contractionen versetzt und daher ausserordentlich gestärkt wurden. Wurden bei jedem Sprung auch die Flossen kräftig ausgespannt, so mussten auch deren Muskeln zunehmen und durch Steigerung der Blutcirkulation ... konnten auch den Brustflossen mehr Bildungsstoffe als sonst zugeführt werden und daher auch sie zugleich an Größe bedeutend gewinnen. An solche wohligen Luftsprünge ... schlossen sich Luftsprünge von noch größerer Geschwindigkeit und Dauer an ...«[21]

Hier nun kommt die Selektionstheorie ins Spiel: »Von ihren Verfolgern wurden natürlich die schlechteren Springer leichter gefangen und aufgefressen, als andere Individuen, deren Muskeln und Flossen in dieser erhaltungsmässigen Umbildung weiter fortgeschritten waren, und so blieben auch vorzugsweise solche Männchen und Weibchen zur Fortpflanzung übrig, welche für die Bewegungen durch die Luft am besten ausgebildet waren, und es wurden daher auch vorwiegend Nachkommen mit diesen erhaltungsmässigen Eigenschaften erzeugt, da sich in der Regel die elterlichen Eigenthümlichkeiten auf die Jungen vererben. Durch eine auf diese Weise fortschreitende Ausbildung der Organe gelangten die fliegenden Fische endlich in den jetzigen Zustand, welchen wir kennen.«[22]

Er zitiert Darwin, der vermutet, dass bei einer Weiterentwicklung echte Flugtiere entstehen könnten. Nach diesem Entwurf formuliert Möbius aber auch die entscheidende Kritik an der Darwinschen Denkweise: »Wie naturgemäss und ansprechend ein derartiger Abriss der sogenannten fliegenden Fische auch erscheinen mag, so ist er doch nicht mehr als ein Versuch, uns die vorgefundenen Abweichungen derselben von anderen ihnen sonst verwandten Fischformen durch theoretische Vorstellungen begreiflich zu machen. Dergleichen Umbildungsvorstellungen werden in unserer gedanken- und beobachtungsreichen Periode der Biologie viele erzeugt und vorgetragen. Da ihnen aber die Unsicherheit des Möglichen anhaftet, so können sie eine wahrhaft wissenschaftliche Befriedigung erst dann gewähren, wenn es gelingt, die wirklichen Thatsachen, denen sie entsprechen sollen, nachzuweisen; denn erst dann hat man die Entstehung der Umbildungen ursächlich erklärt und für die Annahme unsicherer Möglichkeiten die Sicherheiten das Wissen wirklicher Vorgänge gewonnen.«[23]

Als Hypothese hält Möbius der Abstammungslehre daher sehr viel zugute; sie als gedankliche Reproduktion wirklicher Naturverhältnisse zu sehen, wie Darwin und Haeckel es forderten, lehnt er aber ab.[24]

Fliegende Fische in der aktuellen Forschung

Heute wissen wir, dass Möbius mit seinen sorgfältigen Beobachtungen lebender Fliegender Fische in Verbindung mit morphologischen und physiologischen Erwägungen und Experimenten das Richtige traf. Möbius war der erste Wissenschaftler, der eine echte interdisziplinäre Studie mit der Kombination unterschiedlicher Methoden und Fragestellungen vorgelegt hat, um am Ende zu einer umfassenden Erklärung der beobachteten Phänomene zu gelangen. Seine wissenschaftlichen Ergebnisse und Beobachtungen sind bis heute relevant.[25] Seither ist das Verständnis der Abläufe »Flug« und der Evolution der Fliegenden Fische durch moderne Methoden wie molekulare Techniken, Hochgeschwindigkeitskameras und Windkanäle erheblich erweitert worden. Auch einige bisher wenig beachtete Beobachtungen von Möbius wurden mithilfe dieser Techniken erstmals bestätigt. So machte Möbius zum

Abb. 4a
Startender Fliegender Fisch.
copyright Wikipedia

Abb. 4b
Fliegender Fisch beim Abflug.
copyright Dan Irizarry

Abb. 5
Heutiges Flugmodell von Fliegenden Fischen aus Kutschera (2005)

Beispiel folgende Beobachtung: »Einige (Exocoeten) bleiben mit ihrem Schwanz noch kurze Zeit im Wasser, während ihr Vorderkörper mit weit ausgebreitetem Brustflossen schon über der Wasserfläche hinschwebte.«[26] Heute wissen wir, dass diese Beobachtung der entscheidenden Startphase der Fliegenden Fische entspricht. Wenn Fliegende Fische ihren Flug starten, springen sie zunächst aus dem Wasser und breiten ihre Brustflossen aus, während sie gleichzeitig die untere Hälfte der Schwanzflosse im Wasser mit 70 Schlägen pro Sekunde hin- und herschlagen.[27] Mit diesem Schwanzantrieb beschleunigen die Fische so lange, bis sie genügend Auftrieb haben, um zu segeln[28].

Eine weitere seiner Beobachtungen hat sich in neuesten Untersuchungen als physikalische Flugoptimierung der Fliegenden Fische entpuppt: »Alle Exocoeten, welche sich von den Schiffen entfernen, schweben auf ihrem ganzen Wege durch die Luft dicht über die Wasseroberfläche hin«.[29] Zwei koreanische Ingenieure haben Fliegende Fische im Windkanal untersucht. Sie konnten dabei nachweisen, dass Fliegende Fische eine besondere Technik nutzen, um den Luftwiderstand zu verringern. Während des Fluges entstehen Luftwirbel an beiden Seiten der Flügel wie bei einem Flugzeug.[30] Um diese Wirbel zu verringern, nutzen Fliegende Fische den »Bodeneffekt«, indem sie sich dicht über der Wasseroberfläche halten. Dabei wird die Wirbelbildung durch die Wasseroberfläche behindert, und die Fische können weiter gleiten. Mit dieser Technik und den Entdeckungen der generellen Strömungseigenschaften des Fischkörpers von Fliegenden Fischen planen die beiden Ingenieure gerade die Konstruktion eines neuartigen Flugzeugtyps.

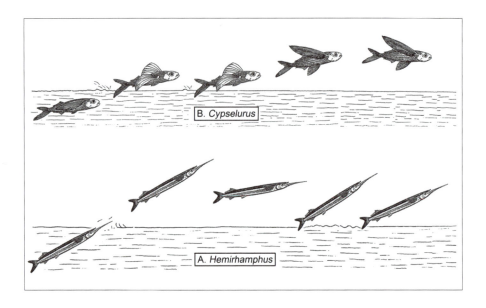

Karl August Möbius stellt einen Meilenstein in der Geschichte der Kieler Naturwissenschaften dar. Seine großen Entdeckungen der Biocönose und wichtiger ökologischer Grundlagen haben ihn zu einem weltbekannten Wissenschaftler gemacht. Es gibt aber kaum eine Arbeit von ihm, die in ihrer Gesamtheit seine Arbeits- und die Denkweise anschaulicher verdeutlicht als die Studie über die Fliegenden Fische. Sorgfältige konkrete Beobachtung von Naturphänomenen und eine darauf aufbauende kluge Planung von Experimenten waren die Methoden und Strategien, die Möbius zu einem bedeutenden Wissenschaftler gemacht haben, dessen Ideen heute in der Forschung wieder aufgegriffen und zu neuen Zielen geführt werden.

Literatur

Brandis, Dirk (2012): Die Expedition von Karl August Moebius nach Mauritius und den Seychellen. In: van der Heyden, U., Glaubrecht, M., Pfullmann, U. (Hrsg.), Die Reise des deutschen Forschers Karl August Moebius nach Mauritius und zu den Seychellen 1874/1875. Wiesbaden 2012, S. 27-50.

Darwin, Charles: On the origin of species by means of natural selection, or the preservation of favoured races in the struggle for life. London 1859, S. 1-502.

Davenport, John (1994): How and why do flying fish fly? Reviews in Fish Biology and Fisheries 4, (2), S. 184-214.

Fish, F. E. (1990): Wing design and scaling of flying fish with regard to flight performance. J. Zool., Lond. 221, S. 391-403.

Humboldt, Alexander von: Reise in die Aequinoctial-Gegenden des neuen Continents in den Jahren 1799, 1800, 1801, 1803 und 1804, Stuttgart 1878.

Kölmel, Reinhard (1981): Zwischen Universalismus und Empirie – die Begründung der modernen Ökologie- und Biocönose-Konzeption durch Karl Möbius (Mitteilungen aus dem Zoologischen Museum der Universität Kiel I, 7), Kiel 1981, S. 17-34.

Kutschera (2005): Predator-driven macroevolution in flyingfishes inferred from behavioural studies: historical controversies and a hypothesis. Annals of the history and philosophy of biology 10, S. 59-77.

Martens, E. von: Die Preussische Expedition nach Ost-Asien, nach amtlichen Quellen. Zoologischer Theil, erster Band, Allgemeines und Wirbelthiere. Berlin 1876, S. i-xii; 1-412.

Möbius, Karl-August (1878): Die Bewegungen der Fliegenden Fische durch die Luft, nach eigenen und fremden Beobachtungen beschrieben und erklärt. Leipzig, S. 1-40.

Möbius, Karl-August (1880): Eine Reise nach der Insel Mauritius im Jahre 1874-75. In: Beiträge zur Meeresfauna der Insel Mauritius und der Seychellen, hrsg. v. Karl August Möbius, Berlin 1880.

Park, H., Choi, H. (2010): Aerodynamic characteristics of flying fish in gliding flight. J. Exp. Biol. 213, 3269-3279.

Pettigrew, J. B.: On the mechanical appliances by which flight is attained in the animal kingdom. Trans. Linn. Soc. 26, London 1868, S. 197.

Valenciennes, A.: Exocets. In: Histoire Naturelle des Poissons, hrsg. v. Cuvier/Valenciens, Bd. 19, 1846, S. 64-144.

Anmerkungen

1 Vgl. Brandis, Dirk: Die Expedition von Karl August Möbius nach Mauritius und den Seychellen. In: van der Heyden, U., Glaubrecht, M., Pfullmann, U. (Hrsg.), Die Reise des deutschen Forschers Karl August Möbius nach Mauritius und zu den Seychellen 1874/1875. Wiesbaden 2012, S. 27.
2 Möbius, Karl August: Eine Reise nach der Insel Mauritius im Jahre 1874-75. In: Beiträge zur Meeresfauna der Insel Mauritius und der Seychellen, hrsg. v. Karl August Möbius, Berlin 1880, Vorwort.
3 Möbius 1880, S. 13, vgl. Brandis 2012.
4 Humboldt 1878, S. 554 u. S. 181-345.
5 Darwin, Charles: On the origin of species by means of natural selection, or the preservation of favoured races in the struggle for life. London 1859, S. 130.
6 Martens, E. von: Die Preussische Expedition nach Ost-Asien, nach amtlichen Quellen. Zoologischer Theil, erster Band, Allgemeines und Wirbelthiere. Berlin 1876, S. 28.
7 Möbius 1878, Die Bewegungen der Fliegenden Fische durch die Luft, nach eigenen und fremden Beobachtungen beschrieben und erklart, Leipzig.
8 Möbius 1878, S. 11, 12; 28, 29.
9 Möbius 1878, S. 12.
10 Möbius 1878, S. 11-12; 28-29.
11 Möbius 1878, S. 12.
12 Möbius 1878, S. 26.
13 Humboldt 1878, S. 309.
14 Möbius 1878, S. 26.
15 Möbius 1878, S. 29.
16 Möbius 1878, S. 14.
17 Möbius 1878, S. 30.
18 Möbius 1878, S.30.
19 Möbius 1878, S. 31.
20 Vgl. Kölmel 1981; Brandis 2012, S. 44.
21 Möbius 1878, S. 31-32.
22 Möbius 1878, S. 32.
23 Möbius 1878, S. 33.
24 Vgl. dazu Kölmel 1981, S. 32 sowie Brandis 2012, S. 44.
25 Seine Studie wird noch immer zitiert; vgl. z. B. Fish 1990, Davenport 1994.
26 Möbius 1878, S. 2.
27 Vgl. Davenport 1994; Kutschera 2005.
28 Kutschera 2005.
29 Möbius 1878, S. 8.
30 Vgl. Park & Choi 2010.

Dirk Brandis geb. 1969, Wissenschaftlicher Leiter des Zoologischen Museums am Zoologischen Institut. Forschungsschwerpunkt: Systematik und Biogeographie von Crustaceen (Krebstieren), insbesondere von dekapoden Krebsen.

PD Dr. rer. nat. Dirk Brandis
Hegewischstraße 3, 24105 Kiel
Tel. 0431/880-5176, Fax -5177
E-Mail: brandis@zoolmuseum.uni-kiel.de
www.uni-kiel.de/zoologisches-museum/

Martina Blümel und Christian Jung

Warum blühen Pflanzen?

»Aber bald schon hörte der Strauch zu wachsen auf und er begann, eine Blüte hervorzubringen. Der kleine Prinz spürte, während er die Entwicklung einer riesigen Knospe beobachtete, dass eine wunderbare Erscheinung aus ihr hervorgehen müsse...«
(Antoine de Saint-Exupéry, Der kleine Prinz, 1943)

Der Zeitpunkt der Blüte ist für die Reproduktionsfähigkeit einer Blütenpflanze von entscheidender Bedeutung. Die Anpassung des Blühzeitpunktes ist ein wesentlicher Mechanismus für die Anpassung an wechselnde Umweltbedingungen. Dies geschieht in der Natur erstaunlich schnell. Die Gründe liegen in der hohen Mutationsrate pflanzlicher Genome und in der Art der genetischen Kontrolle der Blühregulation. Die meisten Kulturpflanzen haben mit ihren wilden Verwandten nur noch wenig gemein. Sie sind das Produkt eines Jahrtausende währenden Züchtungsprozesses. Dabei war die Anpassung des Blühzeitpunktes oft ein wesentlicher Schritt für die Domestikation oder die Anpassung an eine neue Umwelt. Heute verstehen wir die molekularen Grundlagen der Blühregulation und das Zusammenspiel genetischer und umweltbedingter Faktoren sehr gut. Damit wird die Möglichkeit eröffnet, Kulturpflanzen mit veränderter Entwicklung zu züchten, wie sie in der natürlichen Formenvielfalt nicht zu finden ist.

1. Der Lebenszyklus einer Blütenpflanze

Blühende Pflanzen besitzen für die Menschen im Allgemeinen einen hohen ästhetischen Wert, besonders wenn es sich um Zier- oder Wildpflanzen mit prächtig ausgeprägten Blüten und Farben handelt. So repräsentiert die blühende Pflanze im Zierpflanzenbau das Stadium der Pflanzenentwicklung, in welchem die Pflanze an den Endverbraucher vermarktet wird. In der landwirtschaftlichen Nutzung stellt die Blüte die Phase vor der Reife und somit vor der Ernte der Samen und Früchte dar. Allerdings gibt es zahlreiche Nutzpflanzen, bei denen die Blüte unbedingt verhindert werden muss, weil nicht Samen und Früchte, sondern vegetative Teile der Pflanze wie Wurzeln, Knollen oder Blätter geerntet werden.

Der Lebenszyklus einer Blütenpflanze kann in mehrere Phasen unterteilt werden (Abb. 1). Nach einer Jugendphase beginnt die eigentliche vegetative Phase, die zur Ausbildung kräftiger Wurzeln und Sprosse mit zahlreichen Blättern führt. In dieser Phase findet aufgrund starker photosynthetischer Aktivität das Massenwachstum der Pflanze statt. Doch dann beginnt scheinbar plötzlich eine völlige Umstimmung der Entwicklung in Richtung Blütenbildung und die darauffolgende Reife der Samen und Früchte. Die Blüte beginnt meist mit einer starken Streckung der Sprossachse, an deren Ende (apikal) ein oder mehrere Bildungsgewebe für Blüten (Blütenmeristeme) zu finden sind.

Die Bildung der Blütenorgane ist Voraussetzung für die generative Lebensweise (sexuelle Fortpflanzung) der Blütenpflanzen, denn in den Blütenorganen werden nach der Reifeteilung (Meiose) die Keimzellen (Gameten) gebildet, nach deren Verschmelzung (Befruchtung) es schließlich zur Bildung einer Zygote und somit zur Ausbildung einer neuen Generation kommt. Die sexuelle Fortpflanzung schafft durch die Neukombination der Gene die unendlich große Vielfalt an Genotypen, die für das Überleben einer jeden Art notwendig ist. Der Lebenszyklus einer Blütenpflanze endet schließlich mit dem Einsetzen der Seneszenz (Alterungsprozess), im Zuge derer alle wichtigen Reservestoffe in bestimmte überdauernde Organe wie z. B. Samen,

Abb. 1

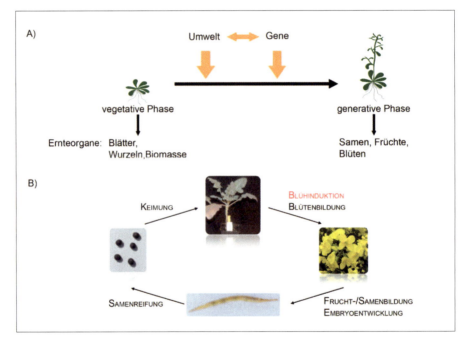

A) Umwelteinflüsse wie Lichtdauer und -qualität, Umgebungstemperatur, Intensität/Dauer der winterlichen Kälteperiode, Nährstoffverfügbarkeit bestimmen in Zusammenwirkung mit endogenen Faktoren (zirkadiane Rhythmik, Hormone) in einem komplexen genetischen Netzwerk den Blühzeitpunkt, d. h. den Übergang von vegetativem Wachstum einer Pflanze zur Ausbildung reproduktiver Organe in der Blüte. Bei Nutzpflanzen, von denen vegetative Organe geerntet werden (Rüben, Knollen, Blätter), ist die Vermeidung der Blüte ein wichtiges Züchtungsziel, wohingegen die Züchtung/Selektion von Nutzpflanzen, von denen Samen oder Früchte geerntet werden, hinsichtlich der optimalen Anpassung des Blühzeitpunktes an die Umgebungsbedingungen des Anbaugebietes erfolgt. Hierzu werden heutzutage auch moderne Methoden wie markergestützte Selektion, genetische Modifikation und die Voraussage phänotypischer Merkmale anhand genomischer Daten und statistischer Modelle genutzt. So erfolgt der Wissenstransfer heute nicht nur von der Modellpflanze A. thaliana zur Nutzpflanze, sondern mittels Ermittlung von Sequenzhomologien, funktioneller Orthologie und Suche nach Ähnlichkeit ganzer Sequenz- oder Proteindomänen auch in geringerem Maße umgekehrt. B) Der Lebenszyklus einer Blütenpflanze sowie wesentliche entwicklungsbiologische Übergänge am Beispiel der Nutzpflanze Ölraps (Brassica napus). Rapsöl wird aus den Samen gewonnen, Voraussetzung in diesem Fall ist also die Blüte der Pflanze.

Früchte, Wurzeln, Knollen überführt werden und dem Absterben der Pflanze. Allerdings gibt es zahlreiche Abwandlungen dieses »Standard«-Zyklus. Diese Abwandlungen sind nur zum Teil genetisch bestimmt. Verschiedene Umweltfaktoren spielen hier ebenfalls eine wichtige Rolle.

Am einfachsten gestaltet sich das Leben für Pflanzen, die am oder in der Nähe des Äquators auf Meereshöhe leben. Hier sind die Bedingungen über das ganze Jahr hinweg sehr ähnlich. Es ist gleichmäßig warm, und die Tageslänge variiert nicht, es herrschen Kurztagsbedingungen. Dagegen müssen Pflanzen, die in nördlichen oder südlichen Breitengraden oder in größerer Höhe leben, mit sehr unterschiedlichen Umweltbedingungen zurechtkommen. Zum einen ändert sich die Tageslänge vom extremen Lang- bis zum extremen Kurztag. Weiterhin ändern sich die Temperaturen im Jahresverlauf oder abhängig von der Höhe. So müssen Pflanzen »wissen«, ob der Winter bevorsteht oder ob er bereits vergangen ist. Dies erfordert ein »Gefühl« für Tageslänge (Photoperiode) und Temperatur, um zu entscheiden, ob es ratsam ist, in die generative Phase einzutreten. Unsere heimischen Pflanzen sind Langtagpflanzen. Sie blühen nur bei Tageslängen über 15 Stunden, wie sie im Frühjahr und Sommer vorherrschen. Weiterhin erkennen die Pflanzen längere Phasen kühler Temperaturen (<5°C) und »merken« daran, ob der Winter vergangen ist. Es hat sich somit in relativ kurzer Zeit ein raffiniert ausgeklügeltes Wechselspiel zwischen Genen und Umweltreizen eingestellt, welches es den Pflanzen erlaubt, sich auch an extreme und schnell wechselnde Umweltbedingungen anzupassen.

2. Die Wirkungsweise von Genen

Gene sind kurze Abschnitte im Genom (Gesamtheit der Erbinformation eines Organismus), die durch ihre DNA-Sequenz (desoxyribonucleic acid) eine Grundeinheit der Erbinformation darstellen und die direkt oder indirekt einen bestimmten Phänotyp (z. B. frühe Blüte) bedingen. Eine Pflanze hat etwa 25.000 bis 35.000 Gene. Alle Gene und ihre Übersetzung (Transkription) werden genau reguliert. Die Transkripte (meist eine mRNA) werden entweder immer (konstitutiv) oder nur zu bestimmten Phasen der Entwicklung oder unter bestimmten Umweltbedingungen gebildet (exprimiert) und während der Translation in eine Proteinsequenz übersetzt (s. Abbildung 2). Bestimmte Gene kodieren für solche Proteine, welche die Aktivität anderer Gene regulieren. Diese Gene/Proteine werden Transkriptionsfaktoren genannt. Viele Blühgene sind solche Transkriptionsfaktoren und haben damit eine überragende Bedeutung für die Entwicklung einer Pflanze. Innerhalb einer Pflanzenart gibt es von allen Genen meist mehrere Ausprägungen, die als Allele bezeichnet werden und die sich durch eine unterschiedliche DNA-Sequenz auszeichnen. Meist beruhen diese Unterschiede auf einzelnen Mutationen (vererbbare DNA-Veränderungen), die zum Austausch einer Base und somit zu einem veränderten Protein führen können. Verschiedene Allele werden während der Bildung der Gameten (in Pflanzen Pollen und Makrosporen) zufällig kombiniert, so dass in einer Population eine schier unendliche Zahl an Allelkombinationen vorkommt. Im Laufe der Evolution werden dann die optimalen Kombinationen auf natürliche Weise selektiert. Dahingegen übernimmt in der Pflanzenzüchtung der Mensch seit Jahrtausenden die Selektion auf gewünschte Allelkombinationen.

Natürlicherweise finden ständig und überall Mutationen statt. So wurden fünf verschiedene Populationen der Ackerschmalwand (Arabidopsis thaliana) nach 30 Generationen einer Genomanalyse mittels moderner DNA-Sequenzierungstechnologie unterzogen. Die Ergebnisse zeigten, dass in einer Population bestehend aus gerade einmal 10.000 Pflanzen in jeder Generation 1.000.000 Mutationen stattfinden (Ossowski et al. 2010). Von diesen Mutationen sind selbstverständlich auch immer wieder Blühgene betroffen. So gibt es zahlreiche Allele von Blühgenen, die zu unterschiedlichem Blühverhalten führen und so die Anpassungsfähigkeit der Pflanze an wechselnde Umweltbedingungen erhöhen.

Abb. 2

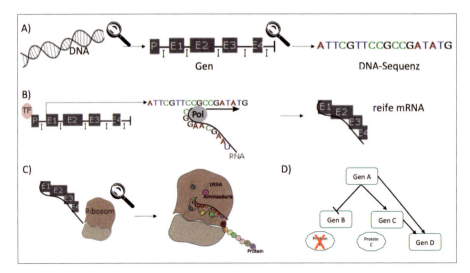

Die Regulation von Genen und die Umsetzung der Information in ein Genprodukt. A) Genregulation: Ein DNA-Molekül enthält Gene und Bereiche, die nicht für Gene kodieren. Ein Gen beginnt mit einem Promotor (P) und ist organisiert in Exons (E1-E4) und Introns (I). Die vier Basen Adenin (A), Guanin (G), Cytosin (C) und Thymin (T) bilden in Verbindung mit dem Zucker Desoxyribose die DNA. B) Transkription: ein Transkriptionsfaktor (TF) lagert sich ans Gen an und initiiert die durch ein Enzym (DNA-Polymerase, Pol) vermittelte Übersetzung von DNA in die mRNA, bei welcher Thymin durch Uracil ersetzt ist und statt Desoxyribose der Zucker Ribose verwendet wird. Lediglich die genetische Information der Exons ist auf der reifen RNA vorhanden. C) Die RNA wird zum Ribosom transportiert, wo mit Hilfe von transfer-RNAs (tRNA) die Übersetzung in die Grundbausteine der Proteine, die Aminosäuren, stattfindet. So erfolgt vereinfacht die Umsetzung einer DNA-Sequenz in ein Protein; das Gen wird exprimiert. D) Regulatorisches Gennetzwerk. Gen A inhibiert die Expression von Gen B (es erfolgt keine Transkription des Gens und es wird kein Protein gebildet). Gen A fördert die Expression von Gen C, Transkription und Translation laufen normal ab. Die Gene A und C ko-regulieren fördernd die Expression von Gen D.

Darüber hinaus wird die Funktion und Aktivität von Genen durch sogenannte epigenetische Faktoren beeinflusst. Unter dem Begriff Epigenetik werden Mechanismen und Faktoren zusammengefasst, die zwar zu einem neuen Phänotyp führen können, jedoch nicht auf einer Veränderung der DNA-Basenabfolge, sondern vielmehr auf umweltbedingten, vererbbaren Veränderungen an den einzelnen Cytosin-Basen (durch Methylierung) oder den Verpackungseinheiten der DNA (Chromatin-, Histonmodifikationen) beruhen. Mit derartigen epigenetischen Modifikationen kann eine Pflanze noch flexibler auf Umwelteinflüsse reagieren. Der Blührepressor FLC aus Arabidopsis stellt ein Paradebeispiel für epigenetische Modifikationen dar. Seine Aktivität wird durch Einwirkung kühler Temperaturen über einen längeren Zeitraum epigenetisch stark herabgesetzt. So erkennt die Pflanze, dass der Winter vorbei ist und kann mit der Umstimmung in die generative Phase beginnen.

Schließlich zeigen einige Blühgene pleiotrope Effekte, d. h. sie regulieren nicht nur das Blühverhalten sondern darüber hinaus auch weitere entwicklungbiologische Prozesse, wie z. B. die Pflanzenarchitektur oder die Reaktion auf biotischen Stress durch Schädlinge und Pathogene. So konnte für Gerste (Hordeum vulgare) gezeigt werden, dass beim Anbau in Trockengebieten – wie z. B. in Syrien – allelische Variation an zwei miteinander interagierenden Vernalisations-Genen einen Einfluss auf das Pflanzenwachstum sowie die Ährenarchitektur und den Ertrag hat (Rollins et al. 2013).

3. Die Modellpflanze Arabidopsis thaliana

Die Ackerschmalwand Arabidopsis thaliana ist die Modellpflanze in der Pflanzenforschung schlechthin. Sie ist relativ klein und kann daher mit geringem Platzbedarf kultiviert werden. Sie blüht schnell und kann bereits nach sechs Wochen Samen bilden. Somit können in kurzer Zeit mehrere Generationen erzeugt werden, was für die genetische Forschung von großer Bedeutung ist. Daher wird A. thaliana seit den 1970er Jahren auch als Modellpflanze genutzt, um vielerlei physiologische und entwicklungsbiologische Prozesse, u. a. auch den Übergang von der vegetativen in die generative Phase zu verstehen (s. Abbildung 3). Darüber hinaus verfügt Arabidopsis mit »nur« 125 Mio. Basenpaaren über ein im Verhältnis zu vielen Kulturpflanzen

Abb. 3
Arabidopsis thaliana im Gewächshaus.
Links: vegetativ wachsende Pflanzen mit einer Mutation in einem Blühgen.
Mitte: blühende Arabidopsis-Pflanzen.
Rechts: Nahaufnahme einer Arabidopsis-Blüte (Balken = 1 cm).

sehr kleines Genom (vgl. Tabelle 1) und war auch im Jahr 2000 die erste Blütenpflanze, deren vollständiges Genom sequenziert worden ist. Üblicherweise ist Arabidopsis in gemäßigten Breiten eine winterannuelle Form, die nach der Keimung über den Winter im vegetativen Stadium verbleibt und erst nach der Kältephase mit der Blüte beginnt. Es gibt aber auch frühblühende Formen, entweder natürlich vorkommend oder als Ergebnis einer künstlichen Mutagenese, welche bereits nach kurzer Zeit ohne Einwirken kühler Temperaturen blühen.

Tabelle 1
Wichtige Kulturpflanzenarten, ihre taxonomische Zugehörigkeit, die Chromosomenanzahl und Genomgröße sowie das Jahr der meist durch Sequenzierungstechnologien der 2. und 3. Generation erstmals publizierten Genome. Zum Vergleich ist der Eintrag des rel. kleinen Genoms der Modellpflanze A. thaliana in der letzten Zeile hellblau hervorgehoben.

Name	Botanischer Name	Pflanzenfamilie	Ploidiegrad	Anzahl Chromosomen (2n)	Genomgröße (Mrd. Bp)	vollständig sequenziertes Genom im Jahr
Weizen	Triticum aestivum	Poaceae	6 (allohexaploid)	42	16	2012
Mais	Zea mays	Poaceae	2 (diploid)	20	2,5	2009
Gerste	Hordeum vulgare	Poaceae	2 (diploid)	14	5,1	2012
Reis	Oryza sativa	Poaceae	2 (diploid)	24	0,43	2002
Soja	Glycine Max	Fabaceae	2 (diploid)	40	1,1	2010
Kartoffel	Solanum tuberosum	Solanaceae	2 (diploid)	Dipl.: 24	0,84	2011
			4 (autotetraploid)	Autotetr.: 48		
Zuckerrübe	Beta vulgaris	Amaranthaceae	2 (diploid)	18	0,75	2013
Tomate	Solanum lycopersicum	Solanaceae	2 (diploid)	24	0,90	2012
Raps	Brassica napus	Brassicaceae	4 (allotetraploid)	38	1,2	2015
Ackerschmalwand	Arabidopsis thaliana	Brassicaceae	2 (diploid)	10	0,125	2000

4. Die Kontrolle des Blühzeitpunktes – ein Beispiel für die Wechselwirkung zwischen Pflanzen und ihrer Umwelt

Bereits in den 1930er Jahren hat Mikhail Khristoforovich Chailakhyan einen »Stoff« postuliert, der in den Blättern gebildet wird und über die Leitgewebe (Phloem) in das Apikalmeristem transportiert wird. Diesen hatte er »Florigen« genannt. Seitdem haben zahlreiche Wissenschaftler über Jahrzehnte fieberhaft nach dem Florigen gesucht, bis zwei bahnbrechende Arbeiten an der Modellpflanze A. thaliana zunächst das dafür verantwortliche Gen und kurz danach auch den eigentlich transportierten »Stoff« identifiziert haben (Corbesier et al. 2007; Mathieu et al. 2007; Weigel and Kobayashi

Abb. 4

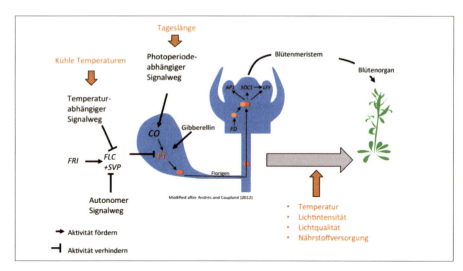

Schema der molekularen Signalwege, die den Blühzeitpunkt in *Arabidopsis thaliana* beeinflussen. Umweltfaktoren wie z. B. die Dauer und Intensität der winterlichen Kälteperiode, die Lichtqualität, die Dauer der Photoperiode, die Umgebungstemperatur sowie endogene Faktoren (Hormonstatus, Zuckerbudget, zirkadiane Rhythmik, Alter, autonome Faktoren) beeinflussen den Blühzeitpunkt über ein komplexes Netzwerk (epi-)genetischer Regulatoren. Die entsprechenden Signalwege konvergieren in einigen zentralen Blühintegratoren (SOC1, FT), welche im Folgenden die für die Blütenbildung verantwortlichen Gene aktivieren. Einige Gene haben Funktionen in verschiedenen Regulationswegen. Zentrale regulatorische Module wie CO-FT sind auch in vielen Nutzpflanzenarten konserviert.

2007). Darüber hinaus erfolgten seit Beginn der 1990er Jahre – ebenfalls an A. thaliana – Untersuchungen an Mutanten, die zur Identifizierung zahlreicher Blühgene führten (Koornneef 1997; Koornneef et al. 1991). Heute sind über 200 Gene als Teile verschiedener molekularer Signalwege bekannt, die an der Kontrolle des Blühzeitpunkts beteiligt sind (stark vereinfachtes Schema in Abbildung 4). Einige dieser Signalwege werden direkt durch Umweltbedingungen reguliert (Vernalisation, Tageslänge/Photoperiode, Umgebungstemperatur, Andrés and Coupland [2012]), andere (Alter, Hormonstatus, Zuckerstatus, autonomer Signalweg) durch interne Faktoren. Alle Signalwege laufen bei einigen wenigen Blüh-Integratorgenen zusammen (u. a. FT: FLOWERING LOCUS T, SOC1: SUPPRESSOR OF OVEREXPRESSION OF CONSTANS 1). Diese regulieren wiederum Gene, die für die Identität des Apikalmeristems verantwortlich sind (LFY:LEAFY, AP1: APETALA1, FUL: FRUITFULL). Durch Aktivierung der Blütenbildungs-Gene erfolgt dann eine irreversible Umschaltung vom vegetativen zum generativen Wachstum (Albani and Coupland 2010; Kim et al. 2009). Dem FLOWERING LOCUS T kommt eine besondere Bedeutung zu, da zum einen das Gen als Integrator für die Signalwege der Photoperiode, der zirkadianen Uhr, der Umgebungstemperatur und des Alters fungiert und zum anderen das Protein das mobile »Florigen« darstellt, welches von den Blättern durch das Phloem zum Apikalmeristem transportiert wird (Corbesier et al. 2007). Eine wichtige Rolle spielt auch das Gen TFL1 (TERMINAL FLOWER 1) als Antagonist zu FT (Hanano and Goto 2011). Besonders bei mehrjährigen Pflanzen sind TFL1-verwandte Gene wesentlich an der Blühzeitpunktkontrolle beteiligt (Koskela et al. 2012; Wang et al. 2011) (s. Kapitel 7).

Vor und während der winterlichen Kältephase ist in Arabidopsis durch Vermittlung des Gens FRIGIDA (FRI) das Gen FLOWERING LOCUS C (FLC) hoch exprimiert. FLC ist ein starker Repressor und verhindert die Blüte vor und während des Winters, indem es gemeinsam mit einem weiteren Repressor namens SHORT VEGETATIVE PHASE (SVP) die Expression von FT hemmt; die Pflanze wird »vernalisiert«. Nach dem Winter erfolgt durch eine epigenetische Markierung die Inaktivierung von FLC (Song et al. 2013), so dass die Pflanze die Befähigung zur Blüte erhält. Diese wichtige epigenetische Markierung wird während der frühen Embryonalentwicklung rückgängig gemacht, damit auch in der nächsten Pflanzengeneration eine Verhinderung der Blühinduktion vor/im Winter gewährleistet wird (Crevillen et al. 2014). Weitere epigenetische Faktoren, die unter anderem auch an der Regulation von FLC beteiligt sind, sind Gene des autonomen Signalweges.

Das Gen CONSTANS (CO) stellt einen zentralen Regulator des photoperiodischen Signalweges und der zirkadianen Uhr dar (Valverde 2011). Ein wichtiger Bindungspartner von CO ist z. B. das von der zirkadianen Uhr regulierte Gen GIGANTEA (GI, Sawa and Kay 2011). Die Gene FLAVIN-BINDING, KELCH REPEAT, F-BOX 1 (FKF1, Song et al. 2012), CYCLING DOF FACTOR -1,-3,-4,-5 (CDF1,-3,-4,-5, Fornara et al. 2015) sind wichtige Regulatoren von GI und auch von CO. Außerdem wird die Expression des Blühintegrator-Gens FT durch CO gefördert. Die zirkadiane Uhr ist ein bedeutender endogener Signalweg der Blühzeitpunktkontrolle. In einem Kreislauf dreier eng miteinander verwobener Rückkopplungsschleifen (Zentralschleife, Morgenschleife, Abendschleife) regulieren Gene, welche zu bestimmten Tagesphasen exprimiert sind und die zum Teil selbst durch Lichtqualität und/oder die Photoperiode beeinflusst werden, den Blühzeitpunkt (McClung 2014).

Sowohl im alter- als auch im umgebungstemperaturabhängigen Signalweg spielen die seit erst relativ kurzer Zeit bekannten microRNAs (miRNA) eine wichtige Rolle (Kim et al. 2012; Zhou and Wang 2013). Im altersabhängigen Signalweg inhibiert eine hohe miRNA156 Expression während der Jugendphase die Expression der stromabwärts gelegenen Gene (Wang 2014). Auch Zucker- sowie Hormonstatus einer Pflanze bedingen den Blühzeitpunkt. Stromaufwärts der miRNA156 hat das Gen TREHALOSE-6-PHOSPHATE SYNTHASE 1 (TPS1, Wahl et al. [2013]) regulatorische Wirkung und stellt die Verbindung zwischen Zuckerhaushalt und Blühzeitpunktkontrolle dar. Weiterhin haben die Pflanzenhormone Gibberellin (Richter et al. 2013) und Cytokinin (D'Aloia et al. 2011) entscheidenden Einfluss auf den Blühzeitpunkt in Arabidopsis.

Die Kontrolle des Blühzeitpunktes in Modell- und Nutzpflanzen steht auch im Fokus der wissenschaftlichen Untersuchungen eines von der Deutschen Forschungsgemeinschaft (DFG) geförderten und an der Christian-Albrechts-Universität koordinierten Schwerpunktprogrammes 1530: ›Kontrolle des Blühzeitpunktes – von der Grundlagenforschung zur züchterischen Anwendung‹, Webseite: http://www.flowercrop.uni-kiel.de/en.

5. Bedeutung des Blühzeitpunkts für die Anpassung an wechselnde Umweltbedingungen

Unsere heutigen Pflanzen sind das Ergebnis eines langen Ausleseprozesses, der zur Entstehung neuer Arten geführt hat, welche optimal an die gegebenen Umweltbedingungen angepasst sind. Dieser Prozess wird als (natürliche) Evolution bezeichnet. Die Evolution der Blütenpflanzen setzte vor etwa 140 bis 190 Mio. Jahren im späten Jura im Übergang zur frühen Kreidezeit ein. In der Zeitspanne bis heute haben sich Klima- und andere Umweltbedingungen oftmals drastisch geändert, man denke nur an die zahlreichen Eiszeiten. Die Verbreitungsgebiete der Pflanzen haben sich entsprechend von Norden nach Süden verlagert, und die Pflanzen haben erst nach der Eiszeit wieder nördlichere Lebensräume besiedelt. Dabei haben sie ihre phänologische Entwicklung immer wieder anpassen müssen und dafür ein komplexes Netzwerk aus vielen Genen entwickelt, welches eine feine Abstimmung des Blühverhaltens ermöglicht. Diese Abstimmung bezieht sich in erster Linie auf Tageslänge und kühle Temperaturen. Daneben spielen auch die zeitliche Verteilung der Niederschläge, also das Auftreten von Trockenphasen, die Umgebungstemperatur, aber auch das regelmäßige Auftreten von Pathogenen eine wichtige Rolle. So reagieren Pflanzen zum Beispiel sehr schnell, d. h. innerhalb weniger Generationen, auf Veränderungen der Trockenphasen, indem die Frequenz bestimmter Blühallele in der pflanzlichen Population durch die natürliche Selektion erhöht wird. In Südkalifornien wurde für den Rübsen (Brassica rapa) nach einer Trockenzeit eine Verschie-

Abb. 5
Wildpflanzen und Kulturpflanzen am Beispiel der Zuckerrübe Beta vulgaris. Gezeigt sind Einzelpflanzen sowie Bestände an ihrem natürlichen Standort bzw. am Ackerstandort.

Fotos: N. Pfeiffer, M. Bruisch

Martina Blümel und Christian Jung

bung hin zu früheren Blühzeitpunkten innerhalb von nur sieben Jahren nachgewiesen. Ein Vergleich zweier Populationen, von denen eine an einem Trockenstandort wuchs und die andere an einem Standort, dessen Boden die Feuchtigkeit gut speichern konnte, zeigte eine deutlich frühere Blüte der Pflanzen des Trockenstandortes 1) am Standort selbst und 2) wenn Samen beider Standorte im Gewächshaus angezogen wurden (Franke et al. 2006). Weitergehende Analysen zeigten eine vererbbare (heritable) Veränderung hin zum früheren Blühzeitpunkt und einen ausreichenden natürlichen Selektionsdruck durch die sommerliche Trockenheit (Franks et al. 2007).

6. Bedeutung des Blühzeitpunkts für die Pflanzenproduktion

Keine unserer wichtigen Nutzpflanzen stammt direkt aus der Natur. Alle auf unseren Feldern angebauten Pflanzen sind das Produkt intensiver züchterischer Bearbeitung. Einige Pflanzen haben wild vorkommende Verwandte (s. Abbildung 5), bei anderen fehlen sogar diese völlig. Sie sind einzig und allein das Produkt einer teilweise Jahrtausende währenden züchterischen Bearbeitung.

Dazu gehört auch die Anpassung des Blühzeitpunktes. So gibt es einjährige Nutzpflanzen, die im Frühjahr gesät werden, weil sie entweder den Winter nicht überstehen würden (z. B. Mais) oder durch den Kältereiz nach dem Winter blühen würden (z. B. Zuckerrübe, Kohl, Salat). Die Blüte muss aber bei den vegetativ genutzten Pflanzen unbedingt vermieden werden, da

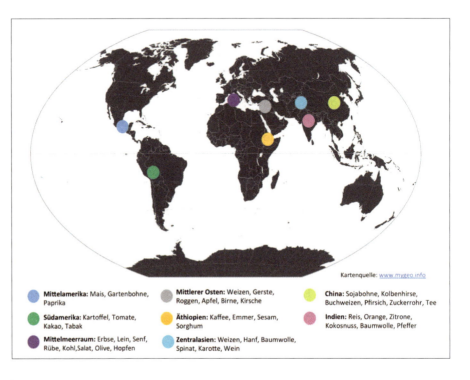

Abb. 6
Gen-/Ursprungszentren einiger wichtiger Kulturpflanzen. In diesen Regionen sind unsere heutigen Kulturpflanzen teilweise vor Jahrtausenden (z. B. Weizen: ca. 7000–5000 v. Chr., Gerste: ca. 10.000 v. Chr., Reis: ca. 7000–6000 v. Chr., Mais: ca. 4700 v. Chr.) domestiziert worden. Diese Regionen weisen noch heute eine große genetische Diversität auf, die für die Pflanzenzüchtung von großer Bedeutung ist.

sie meist starke Ertragseinbußen mit sich bringt. Daneben gibt es zweijährige Nutzpflanzen (Winterformen), die vor dem Winter gesät werden (Winterweizen, Wintergerste, Winterraps). Diese Pflanzen benötigen einen Kältereiz, um zu blühen. Mehrjährige Nutzpflanzen schließlich (Forstbäume, Obstgehölze, Reben, Spargel) blühen wiederholt in aufeinander folgenden Jahren. Alle wurden durch züchterische Selektion derart verändert, dass ihr Blühzeitpunkt an die jeweiligen Produktions- und Umweltbedingungen angepasst wurde.

Da ein angepasster Blühzeitpunkt ein wesentlicher ertragsbestimmender Faktor ist, wurde die Selektion darauf ein fester Bestandteil aller Züchtungsverfahren. Dies stellt ein Problem dar, wenn »exotische« Formen eingekreuzt werden, deren Blühzeitpunkt nicht an die regionalen klimatischen Bedingungen angepasst ist. So ist beispielsweise ein chinesischer Raps, der dort Spitzenerträge liefert, unter unseren Bedingungen nicht anbauwürdig, weil er zu früh blühen würde. Will man aber das genetische Potential exotischer Formen nutzen, müssen deren »schädliche« Blühallele mühsam in einem langwierigen Rückkreuzungsprozess verdrängt werden.

Oftmals waren einzelne Mutationen in Blühgenen ein wesentlicher Schritt von der Überführung einer Wildart in eine Kulturart (Domestikation), oder sie waren entscheidend für die geografische Anpassung einer Kulturart. So ist die Kartoffel (Solanum tuberosum) natürlicherweise eine tagneutrale Art. Sie stammt aus der äquatornahen Andenregion (s. Abbildung 6), in der das ganze Jahr über etwa die gleichen Tageslängen herrschen. Entsprechend sind die Pflanzen an den Kurztag angepasst und können unter Langtagbedingungen keine Knollen ansetzen und blühen. Mutationen im Gen StCDF1, welches durch die Photoperiode reguliert wird, führten dazu, dass tagneutrale Formen entstanden, die auch in höheren Breiten (im Sommer) blühen (Kloosterman et al. 2013). Erst durch die Selektion dieser Mutanten gelang es, die Kartoffel weltweit zu verbreiten, so dass sie heute nach Weizen, Reis und Mais zur viertwichtigsten Kulturpflanze der Erde geworden ist.

Auch der Mais (Zea mays ssp. mays) ist ursprünglich eine an den Kurztag angepasste Pflanze, deren wilde Vorläufer-Spezies Teosinte (Zea mays ssp. parviglumis) aus Süd- bzw. Mittelamerika stammt und unter Langtagbedingungen nicht blüht. Mutationen im photoperiodisch regulierten ZmCCT-Gen des Mais führten zu einem Verlust der Tageslängen-Sensitivität und ermöglichten so die Blühinduktion unter Langtagbedingungen. Ganz wesentlich für die Ausbreitung des Mais in höhere Breiten war die Selektion dieser seltenen Mutanten durch die amerikanischen Ureinwohner (Hung et al. 2012).

Eine Besonderheit bezüglich der Blühzeitpunktregulation stellen mehrjährige Pflanzen dar. Diese Pflanzen haben alternierende Phasen generativen und vegetativen Wachstums entwickelt. Darüber hinaus werden bei Umweltbedingungen, die für die Blüte geeignet sind, und Vorliegen der »richtigen« endogenen Signale nicht alle Meristeme in generative Meristeme umgebildet, sondern einige verbleiben im vegetativen Zustand, um das konstante Wachstum der Pflanze zu gewährleisten. Für Wald- und Obstgehölze (z. B. Apfel, Malus x domestica), aber auch für Tulpen (Tulipa sp.) ist eine sehr lange Jugendphase von bis zu 12 Jahren (Apfel) kennzeichnend, in der die Pflanzen gar nicht für blühinduzierende Signale zugänglich sind. So richtet sich das Augenmerk der Pflanzenzüchtung in diesen Spezies besonders auf eine Verkürzung der langen Jugendphase.

7. Sequenzbasierte Pflanzenzüchtung zur Schaffung neuer genetischer Variation

Die Kenntnis der molekularen Struktur von Blühgenen ermöglicht völlig neue Möglichkeiten zur Selektion erwünschter Formen und zur Schaffung neuer Variation. So kann die Selektion von der Ebene des Phänotyps auf die Ebene des Genotyps (also der DNA-Sequenz) verlegt werden. Das hat den großen Vorteil, dass Umwelteffekte, die den Phänotyp beeinflussen, keine Rolle mehr spielen, weil Sequenzvariationen unabhängig von Umwelteinflüssen analysiert werden können. Man kann die Blühgene also als molekulare Marker nutzen (s. Abbildung 7), mit denen eine Eigenschaft markiert werden kann. Weiterhin kann in einem Sortiment aus verschiedenen Genotypen, wie sie in Genbanken vorliegen, nach neuen Sequenzvarianten gesucht werden, indem die Blühgene direkt sequenziert werden.

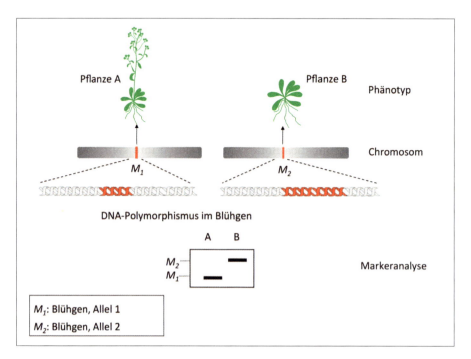

Abb. 7
Einsatz von Blühgenen als molekulare Marker. Das Blühgen M hat zwei verschiedene Spielarten (Allele). Das eine bedingt die Blüte, das andere sorgt dafür, dass die Pflanze ausschließlich vegetativ wächst. Die DNA-Sequenz des Blühgens wird als molekularer Marker verwendet. Beide Allele unterscheiden sich in ihrer Länge. Somit kann ein Längenunterschied mit einem einfachen gentechnischen Verfahren sichtbar gemacht werden. Der Gentest erlaubt die Vorhersage der phänologischen Entwicklung der Pflanze bereits am Keimling.

Eine weitere Möglichkeit der sequenzbasierten Pflanzenzüchtung ist die gezielte Veränderung von Genen, die mit Hilfe gentechnischer Verfahren erreicht werden kann. Induzierte Mutationen innerhalb der Gene können zu veränderter Genaktivität führen; die Gene können sogar vollkommen abgeschaltet werden. Auch können Gene aus anderen Pflanzen- oder Bakterienarten eingeführt werden. In jedem Fall dient eine gezielte Veränderung einem bestimmten Zuchtziel. Dies gilt auch für Blühgene. Im Folgenden werden einige Beispiele genannt, wie das Blühverhalten die regionale Anpassung von Sorten ermöglicht hat und wie durch gezielte genetische Veränderung neue Variation geschaffen werden konnte.

In Getreidearten haben Vernalisationsbedürfnis und photoperiodische Regulation des Blühzeitpunkts eine große Bedeutung für die regionale Anpassung von Sorten. Im Weizen konnte experimentell durch gentechnische Methodik eine Winterweizenform (Vernalisationsbedürfnis) in eine Sommerweizenform (kein Vernalisationsbedürfnis) umgewandelt werden, indem das FT-homologe Gen des Sommerweizens in den Winterweizen eingebracht wurde (Yan et al. 2006). In Gerste spielte die Selektion von Pflanzen mit einer Mutation im Photoperioden-Regulator PPD-H1 eine wesentliche Rolle für den Anbau von Sommergerste in Nordeuropa (Digel et al. 2015).

Hirsearten werden meist in der sehr trockenen Subsahara-Region in Afrika angebaut. Ein an die Umweltbedingungen angepasster Blühzeitpunkt ist hier besonders entscheidend, um Ernteverlusten vorzubeugen. Trockentoleranz in Pflanzen ist jedoch ein quantitatives Merkmal, d. h. sie wird nicht nur von einem Gen vermittelt, sondern mehrere Faktoren wirken zusammen. In Gerste konnte bereits gezeigt werden, dass bestimmte chromosomale Abschnitte (so genannte QTLs von engl. quantitative trait locus), auf denen unter anderem auch Gene liegen, die den Blühzeitpunkt regulieren, eine Assoziation mit Trockentoleranz zeigen. Im Zuge des Klimawandels und Phasen zunehmender Trockenheit (z. B. seit 2011 andauernde Dürreperiode im kalifornischen Central Valley) ist hier die Forschung besonders gefragt.

Waldbäume (z. B. Populus trichocarpa) und Obstgehölze (z. B. Malus x domestica Borkh.) haben durch ihre sehr langen Jugendphasen eine lange Generationenfolge, welche die Züchtung enorm erschwert. Für den Apfel sind Zeiträume von bis zu 50 Jahren bis zur Marktreife einer neuen Apfelsorte keine Seltenheit. Daher werden in der Pflanzenzüchtungsforschung mit Hilfe gentechnischer Verfahren sehr früh blühende Formen erzeugt, die aber nicht in erster Linie einer Ertragssteigerung, sondern einer deutlich früher möglichen Ermittlung anderer ertragsrelevanter Parameter wie z. B. Krankheits-/Schädlingsresistenzen dienen. Durch experimentelle Überexpression des apfeleigenen (cis-gener Ansatz) Blühintegrator-Gens TFL1 konnte eine frühe Blüte erreicht werden (Kotoda et al. 2006). Auch wurde durch Einbringen des FUL-homologen Gens der Birke (Betula pendula, trans-gener Ansatz) ein früher Blühzeitpunkt im Apfel erreicht (Flachowsky et al. 2007).

In der Zuckerrübe (Beta vulgaris L. ssp. vulgaris) verringert frühes Schossen den Wurzel- und damit auch den Zuckerertrag. Auf dem Feld sind schossende und blühende Zuckerrüben daher unerwünscht. Die Blüte ist aber notwendig für Züchtung und Saatgutproduktion (s. Abbildung 8). Der wesentliche Schritt bei der Domestikation der Rübe erfolgte durch Selektion von Pflanzen, die komplett schossresistent sind. Vor kurzem konnten Wissenschaftler des Instituts für Pflanzenzüchtung der Christian-Albrechts-Universität in Kooperation mit internationalen Partnern das verantwortliche Gen BTC1 (BOLTING TIME CONTROL 1) klonieren (Pin et al 2012). Eine Mutation im BTC1-Gen bedingt eine verminderte Sensitivität gegenüber photoperiodischen Reizen (Pin et al. 2012). Die Rüben werden dadurch zweijährig und können erst nach dem Winter schossen und blühen. Ein weiterer wesentlicher Blühzeitpunktregulator ist der Transkriptionsfaktor BvBBX19 (Beta vulgaris B-BOX DOMAIN PROTEIN 19), der zusammen mit BTC1 in der Zuckerrübe den Blühzeitpunkt reguliert (Dally et al. 2014). Ein visionäres Ziel ist eine Winterrübe (s. Abbildung 8), die im Gegensatz zur herkömmlichen Rüben vor dem Winter gesät wird und nach dem Winter nicht schosst, was ein um bis zu 25 Prozent gesteigertes Ertragspotential vermuten lässt. Dies kann durch Hybridzüchtung erreicht werden (Kreuzung zweier spätblühender Rüben). Eine Alternative ist die Einbringung der Schossresistenz durch genetische Modifikation (Jung und Mueller 2009).

Für den Anbau von Zwiebeln (Allium cepa) ist ebenfalls eine Anpassung des Blühzeitpunktes im Hinblick auf späte Blüte von Bedeutung. Im ersten Jahr soll die Zwiebelbildung ohne Schossen/Blühen erfolgen. In der Zwiebel kann jedoch – wie auch in vielen anderen Gemüsearten – durch zu frühe Aussaat und eine längere Zeit kälterer Temperaturen (Vernalisation) die Blüte induziert werden. Das Zusammenspiel verschiedener FT-homologer Gene reguliert in der Zwiebel sowohl die Zwiebelbildung als auch den Blühzeitpunkt in Abhängigkeit von Photo- und Kälteperiode (Lee et al. 2013).

In Futtergräsern (z. B. Lolium perenne L., Deutsches Weidelgras oder Festuca rubra, Gewöhnlicher Rotschwingel) soll Schossen und Blühen ebenfalls vermieden oder verzögert werden, da nicht blühende Futtergräser eine bessere Verdaulichkeit aufweisen. Durch Einbringen des Arabidopsis-Transkriptionsfaktor-Gens ATH1 in L. perenne konnte bereits eine deutlich verzögerte Blüte erreicht werden (van der Valk et al. 2004). Eine Überexpression des TFL1-homologen Gens von L. perenne in F. rubra zeigte ähnliches Ergebnisse, auch nach zweimaliger Vernalisation blühten einige transgene Pflanzen nicht (Jensen et al. 2004).

Mais ist eine Pflanze, die in den Tropen/Subtropen heimisch ist und bei uns überhaupt nicht angebaut werden konnte. Die wesentlichen Gründe sind seine mangelnde Kühletoleranz und die Anpassung an den Kurztag. Erst die Selektion einer Mutante des photoperiodisch regulierten ZmCCT-Gens machte den Maisanbau auch außerhalb des natürlichen Verbreitungsgebietes und damit das Vordringen in nördliche Regionen möglich. Eine weitere Vorverlegung des Blühzeitpunktes führte schließlich dazu, dass Mais heutzutage sogar in Norddeutschland und Skandinavien reifen kann. In letzter Zeit gibt es eine neue Nutzungsrichtung, nämlich den Anbau von Energiemais. Dieser sollte möglichst spät blühen, weil er dann mehr vegetative Masse bildet, was zu einem höheren Methanertrag führt. Dazu wurden Kurztagsgene aus Peruanischem Mais in Silomais eingekreuzt, so dass dieser Mais in seiner phänologischen Entwicklung wieder den Ursprungsformen ähnelt.

8. Schluss

Der Blühzeitpunkt einer Pflanze ist für die Pflanzenzüchtung von besonderer Bedeutung und wird durch das Zusammenwirken eines Netzwerkes verschiedener genetischer, epigenetischer und umweltbedingter Faktoren

Abb. 8

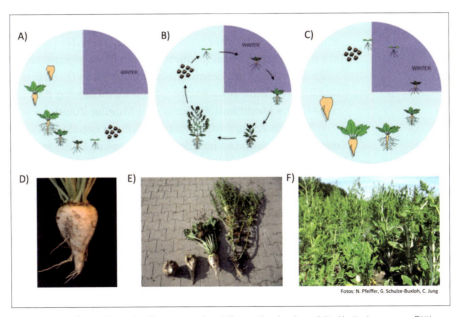

Schematische Darstellung der Erzeugung einer Winterrübe durch gezielte Veränderung von Blühgenen. A) Anbau der Zuckerrübe als einjährige Kulturart: Im Frühjahr werden die Samen ausgesät, und es entwickelt sich über den Sommer eine Pflanze mit einer stark verdickten Speicherwurzel, in der Zucker gespeichert wird. Die Rüben werden im Herbst geerntet, kein Teil der Pflanze verbringt den Winter auf dem Feld. B) Kultivierung konventioneller Rüben als Winterrüben. Die Pflanzen werden im Herbst auf das Feld gebracht und überwintern dort; im Frühjahr erfolgen durch induktive Langtagbedingungen das Schossen und später die Blüte der Pflanze. Da ein Großteil der durch die Photosynthese erzeugten Speicherstoffe für die Ausbildung des Schosstriebes und die Samenbildung genutzt wird, bildet sich keine volle Speicherrübe. C) Kultivierung von Winterrüben mit Schosskontrolle: Aussaat und Überwinterung wie in B), aber durch die Kontrolle des Schossverhaltens blüht die Rübe nach dem Winter nicht, sondern setzt das vegetative Wachstum fort. Durch Verlängerung der Vegetationsperiode kann ein höherer Rübenertrag erzielt werden. D) Zuckerrübe, E) Vergleich des Wurzelertrages von nicht schossenden und schossenden Zuckerrüben, F) Feld mit schossenden Zuckerrüben.

bestimmt. Heute werden meist moderne genombasierte Methoden angewandt, um die Kontrolle des Blühzeitpunktes in Modell- und Nutzpflanzen zu untersuchen. Der daraus resultierende Erkenntnisgewinn dient zum einen dem besseren Verständnis wichtiger Entwicklungsprozesse wie der Blühinduktion. Zum anderen erlaubt die Anwendung dieser Methoden auch die züchterische Verbesserung von Nutzpflanzen, um Erträge zu erhöhen oder zu sichern, die Züchtung effizienter zu gestalten und Nutzpflanzen mit neuartigen phänologischen Eigenschaften zu entwickeln. Dabei wird die bestehende genetische Variation aus dem Genpool einer Kulturpflanze bewertet und genutzt. Außerdem werden mit Hilfe gentechnischer Verfahren Gene gezielt verändert, um die phänologische Entwicklung der Pflanzen zu beeinflussen. Letztlich ist dies die logische Fortführung züchterischer Tätigkeit, wie sie seit Jahrhunderten stattgefunden hat. Nun aber basiert die Züchtung auf der Kenntnis der beteiligten Gene und deren gezielter Veränderung.

Literaturhinweise

Albani MC, Coupland G (2010) Comparative Analysis of Flowering in Annual and Perennial Plants. In: Timmermans MCP (ed) Plant Development. Elsevier, pp 323-348.

Andrés F, Coupland G (2012) The genetic basis of flowering responses to seasonal cues. Nat. Rev. Genet. 13: 627-639.

Chailakhyan, M.Kh. (1936). New facts in support of the hormonal theory of plant development. C. R. Acad. Sci. URSS 13: 79–83.

Corbesier L, Vincent C, Jang S, Fornara F, Fan Q, Searle I, Giakountis A, Farrona S, Gissot L, Turnbull C, Coupland G (2007) FT protein movement contributes to long-distance signaling in floral induction of Arabidopsis. Science 316: 1030-1033.

Crevillen P, Yang H, Cui X, Greeff C, Trick M, Qiu Q, Cao X, Dean C (2014) Epigenetic reprogramming that prevents transgenerational inheritance of the vernalized state. Nature advance online publication.

D'Aloia M, Bonhomme D, Bouché F, Tamseddak K, Ormenese S, Torti S, Coupland G, Périlleux C (2011) Cytokinin promotes flowering of Arabidopsis via transcriptional activation of the FT paralogue TSF. Plant J. 65: 972-979.

Dally N, Xiao K, Holtgräwe D, Jung C (2014) The B2 flowering time locus of beet encodes a zinc finger transcription factor. Proc. Natl. Acad. Sci. U. S. A. 111: 10365-10370.

Digel B, Pankin A, von Korff M (2015) Global Transcriptome Profiling of Developing Leaf and Shoot Apices Reveals Distinct Genetic and Environmental Control of Floral Transition and Inflorescence Development in Barley. Plant Cell.

Flachowsky H, Peil A, Sopanen T, Elo A, Hanke V (2007) Overexpression of BpMADS4 from silver birch (Betula pendula Roth.) induces early-flowering in apple (Malus x domestica Borkh.). Plant Breed. 126: 137-145.

Fornara F, de Montaigu A, Sanchez-Villarreal A, Takahashi Y, van Themaat EV, Huettel B, Davis SJ, Coupland G (2015) The GI-CDF module of Arabidopsis affects freezing tolerance and growth as well as flowering. Plant J.

Franke DM, Ellis AG, Dharjwa M, Freshwater M, Fujikawa M, Padron A, Weis AE (2006) A steep cline in flowering time for Brassica rapa in southern California: Population-level variation in the field and the greenhouse. Int. J. Plant Sci. 167: 83-92.

Franks SJ, Sim S, Weis AE (2007) Rapid evolution of flowering time by an annual plant in response to a climate fluctuation. Proc. Natl. Acad. Sci. U.S.A. 104: 1278-1282.

Hanano S, Goto K (2011) Arabidopsis TERMINAL FLOWER1 Is Involved in the Regulation of Flowering Time and Inflorescence Development through Transcriptional Repression. Plant Cell.

Hung HY, Shannon LM, Tian F, Bradbury PJ, Chen C, Flint-Garcia SA, McMullen MD, Ware D, Buckler ES, Doebley JF, Holland JB (2012) ZmCCT and the genetic basis of day-length adaptation underlying the postdomestication spread of maize. Proc. Natl. Acad. Sci. U.S.A. 109: E1913–E1921.

Jensen C, Salchert K, Gao C, Andersen C, Didion T, Nielsen K (2004) Floral inhibition in red fescue (Festuca rubra L.) through expression of a heterologous flowering repressor from Lolium. Mol. Breed. 13: 37-48.

Jung C, Mueller AE (2009) Flowering time control and applications in plant breeding. Trends Plant Sci. 14: 563-573.

Kim DH, Doyle MR, Sung S, Amasino RM (2009) Vernalization: Winter and the Timing of Flowering in Plants. Annu. Rev. Cell Dev. Biol. 25: 277-299.

Kim JJ, Lee JH, Kim W, Jung HS, Huijser P, Ahn JH (2012) The microRNA156-SQUAMOSA PROMOTER BINDING PROTEIN-LIKE3 module regulates ambient temperature-responsive flowering via FLOWERING LOCUS T in Arabidopsis. Plant Physiol. 159: 461-478.

Kloosterman B, Abelenda JA, Gomez MdMC, Oortwijn M, de Boer JM, Kowitwanich K, Horvath BM, van Eck HJ, Smaczniak C, Prat S, Visser RGF, Bachem CWB (2013) Naturally occurring allele diversity allows potato cultivation in northern latitudes. Nature 495: 246-250.

Koornneef M (1997) Plant development: timing when to flower. Curr. Biol. 7: R651-652.

Koornneef M, Hanhart CJ, van der Veen JH (1991) A genetic and physiological analysis of late flowering mutants in Arabidopsis thaliana. Mol. Gen. Genet. 229: 57-66.

Koskela EA, Mouhu K, Albani MC, Kurokura T, Rantanen M, Sargent DJ, Battey NH, Coupland G, Elomaa P, Hytonen T (2012) Mutation in TERMINAL FLOWER1 Reverses the Photoperiodic Requirement for Flowering in the Wild Strawberry Fragaria vesca. Plant Physiol. 159: 1043-1054.

Kotoda N, Iwanami H, Takahashi S, Abe K (2006) Antisense expression of MdTFL1, a TFL1-like gene, reduces the juvenile phase in apple. J. Am. Soc. Hortic. Sci. 131: 74-81.

Lee R, Baldwin S, Kenel F, McCallum J, Macknight R (2013) FLOWERING LOCUS T genes control onion bulb formation and flowering. Nat. Commun. 4: doi:10.1038/ncomms3884.

Mathieu J, Warthmann N, Kuettner F, Schmid M (2007) Export of FT protein from phloem companion cells is sufficient for floral induction in Arabidopsis. Curr. Biol. 17: 1055-1060.

McClung CR (2014) Wheels within wheels: new transcriptional feedback loops in the Arabidopsis circadian clock. F1000 Prime Reports 6.

Ossowski S, Schneeberger K, Lucas-Lledo JI, Warthmann N, Clark RM, Shaw RG, Weigel D, Lynch M (2010) The rate and molecular spectrum of spontaneous mutations in Arabidopsis thaliana. Science 327: 92-94.

Pin PA, Zhang W, Vogt SH, Dally N, Büttner B, Schulze-Buxloh G, Jelly NS, Chia TYP, Mutasa-Göttgens ES, Dohm JC, Himmelbauer H, Weisshaar B, Kraus J, Gielen JJL, Lommel M, Weyens G, Wahl B, Schechert A, Nilsson O, Jung C, Kraft T, Müller AE (2012) The Role of a Pseudo-Response Regulator Gene in Life Cycle Adaptation and Domestication of Beet. Curr. Biol. 22: 1095-1101.

Richter R, Behringer C, Zourelidou M, Schwechheimer C (2013) Convergence of auxin and gibberellin signaling on the regulation of the GATA transcription factors GNC and GNL in Arabidopsis thaliana. Proc. Natl. Acad. Sci. U.S.A. 110: 13192-13197.

Rollins JA, Drosse B, Mulki MA, Grando S, Baum M, Singh M, Ceccarelli S, von Korff M (2013) Variation at the vernalisation genes Vrn-H1 and Vrn-H2 determines growth and yield stability in barley (Hordeum vulgare) grown under dryland conditions in Syria. Theor. Appl. Genet. 126: 2803-2824.

Sawa M, Kay SA (2011) GIGANTEA directly activates Flowering Locus T in Arabidopsis thaliana. Proc. Natl. Acad. Sci. U. S. A. 108: 11698-11703.

Song J, Irwin J, Dean C (2013) Remembering the prolonged cold of winter. Curr. Biol. 23: R807-811.

Song YH, Smith RW, To BJ, Millar AJ, Imaizumi T (2012) FKF1 conveys timing information for CONSTANS stabilization in photoperiodic flowering. Science 336: 1045-1049.

Valverde F (2011) CONSTANS and the evolutionary origin of photoperiodic timing of flowering. J. Exp. Bot. 62: 2453-2463.

van der Valk P, Proveniers MCG, Pertijs JH, Lamers J, van Dun CMP, Smeekens JCM (2004) Late heading of perennial ryegrass caused by introducing an Arabidopsis homeobox gene. Plant Breed. 123: 531-535.

Wahl V, Ponnu J, Schlereth A, Arrivault S, Langenecker T, Franke A, Feil R, Lunn JE, Stitt M, Schmid M (2013) Regulation of Flowering by Trehalose-6-Phosphate Signaling in Arabidopsis thaliana. Science 339: 704-707.

Wang JW (2014) Regulation of flowering time by the miR156-mediated age pathway. J. Exp. Bot.: 10.1093/jxb/eru1246.

Wang R, Albani MC, Vincent C, Bergonzi S, Luan M, Bai Y, Kiefer C, Castillo R, Coupland G (2011) Aa TFL1 confers an age-dependent response to vernalization in perennial Arabis alpina. Plant Cell 23: 1307-1321.

Weigel D, Kobayashi Y (2007) Move on up, it's time for change – mobile signals controlling photoperiod-dependent flowering. Genes Dev. 21: 2371-2384.

Yan L, Fu D, Li C, Blechl A, Tranquilli G, Bonafede M, Sanchez A, Valarik M, Yasuda S, Dubcovsky J (2006) The wheat and barley vernalization gene VRN3 is an orthologue of FT. Proc. Natl. Acad. Sci. U. S. A. 103: 19581-19586.

Zhou CM, Wang JW (2013) Regulation of Flowering Time by MicroRNAs. J Genet Genomics 40: 211-215.

Christian Jung geb. 1956 in Northeim, Studium der Agrarwissenschaften an der Georg-August Universität Göttingen; 1984 Promotion in Göttingen, seit 1993 Direktor des Instituts für Pflanzenzüchtung an der Universität Kiel.
2005 Leibniz-Preis der Deutschen Forschungsgemeinschaft; seit 2013 Mitglied der Deutschen Akademie der Wissenschaften Leopoldina.
Seit 2011 wiss. Koordinator des von der DFG geförderten Schwerpunktprogrammes 1530: »Kontrolle des Blühzeitpunktes – von der Grundlagenforschung zur züchterischen Anwendung«.

Prof. Dr. agr. Christian Jung
Institut für Pflanzenzüchtung
Am Botanischen Garten 1-9
24118 Kiel
E-Mail: c.jung@plantbreeding.uni-kiel.de

Martina Blümel geb. 1975 in Bonn, Studium der Biologie an der Christian-Albrechts-Universität zu Kiel; 2006 Promotion in Kiel, 2006-2011 Wissenschaftliche Mitarbeiterin der AG Marine Mikrobiologie am IFM-GEOMAR, seit 2011 Wissenschaftliche Mitarbeiterin am Institut für Pflanzenzüchtung, Administratives Projektmanagement des SPP 1530.

Dr. rer. nat. Martina Blümel
Institut für Pflanzenzüchtung
Am Botanischen Garten 1-9
24118 Kiel
E-Mail: m.bluemel@plantbreeding.uni-kiel.de

Frederieke Maria Schnack
»Daß die Studenten ein so dissolutes Leben führen ...«
Studentische Devianz zwischen Vorurteil und Realität in den Anfangsjahren der Christiana Albertina

Als im Oktober 1665 die Christian-Albrechts-Universität gegründet wurde, bedeutete diese Gründung zugleich Zuwachs für den neuen Hochschulort: Studenten, eine im frühneuzeitlichen Kiel bislang weitgehend unbekannte Spezies, zogen in die Stadt. Bei der Kieler Bevölkerung schürte die Aussicht auf die neuen Stadtbewohner diverse Ängste – Berichte über studentisches Fehlverhalten aus anderen Universitätsstädten waren auch bis in die Herzogtümer Schleswig und Holstein gelangt. Der folgende Beitrag wirft aus breiter Sichtung der Überlieferung einen eingehenden Blick auf die Vergehen der Kieler Studenten kurz nach der Universitätsgründung und untersucht, ob die Befürchtungen der Bürger Realität geworden sind.

1. Kieler Vorurteile gegenüber studentischer Devianz

Das erste Ereignis, mit dem sich die Christian-Albrechts-Universität im Kieler Stadtbild präsentierte, war ein einschneidendes: Über mehrere Tage und mit größtem höfischen Pomp wurde Anfang Oktober 1665 die Gründung der neuen Universität zelebriert.[1] Ein prächtiger Festumzug, feierliche Reden, ein Gottesdienst in der Kieler St. Nikolai-Kirche – Herzog Christian Albrecht ließ kein repräsentatives Mittel aus, um den Beteiligten und der Stadtbevölkerung zu zeigen, welchen hohen Stellenwert er der Gründung seiner Landesuniversität beimaß. Ebendiese Stadtbevölkerung war es jedoch, die der Alma Mater Chiloniensis mit eher gemischten Gefühlen gegenüberstand. Wie Friedrich Jessen, Pastor der St. Nikolai-Gemeinde, in seiner am 8. Oktober 1665 gehaltenen »Kielischen Lob- Denck und Danck-Predig« formulierte, waren unter den Stadtbewohnern offenbar nicht wenige, »die noch kein sonderliches Hertz zu der Academie haben / und lassen sich bedüncken / es wäre besser gewesen / wir wären in dem stande geblieben / darinnen wir zuvor allezeit gewesen«[2]. Warum diese Ablehnung? Laut Jessen fürchtete die Kieler Bevölkerung erstens eine immense »Theurung« und zweitens die hohen Kosten, die möglicherweise auf die Stadt zwecks Erhaltung der Universität zukommen könnten. Noch größer fielen aber wohl die Vorbehalte der Bürger gegenüber den bald eintreffenden Studenten aus: In Kiel, zu jener Zeit eine Stadt von rund 3.000 Einwohnern, die eher handwerklich geprägt war[3], stieß die Aussicht auf die künftigen neuen Bewohner auf Unbehagen. Wohl mit Blick auf die Situation in anderen Universitätsstädten nahm man laut Jessen an, dass die Zöglinge der Christiana Albertina »ein so dissolutes Leben führen« sowie »mit nächtlichem grassiren / tumultuiren und allerley Frevel / in Worten und Wercke der Bürgerschafft beschwerlich« fallen könnten – insbesondere »mit fressen / sauffen und allerley leichtfertigem Wesen«.

Die ersten beiden Bedenken konterte Jessen mit einer Argumentation zum Nutzen der Universität[4], kam jedoch nicht umhin, »ja / leider!« den Vorbehalten der Kieler Bürger gegenüber der studentischen Lebensweise eine gewisse Berechtigung zuzubilligen. Unter den jungen Männern gehe es »nicht schnurrecht zu«, fänden sich »viel Müßiggänger / dissolute und ungezogene Leute / die mit ihrem bösen Leben und Wesen groß Ergernis anrichten«. Jedoch stelle dies die Ausnahme dar, seien die meisten Studenten doch »fürnehmer oder sonsten frommer Leute / wolgeartete Kinder«. Die Schuld für moralische Verfehlungen der Studenten sei außerdem, so Jessen, nicht bei den Universitäten, die vielmehr solchen Auswüchsen entgegenwirkten, sondern in »der ersten Kinderzucht / der Eltern« sowie bei den unteren Instanzen der schulischen Laufbahn zu suchen. Aus diesem Grunde sollten die Universitäten, darunter nun auch die neugegründete Kieler Alma Mater, auch nicht nach »solchen fehlern / die ihnen ex accidenti ankleben«, beurteilt werden. Überhaupt bestehe, so der pathetische Schluss von Jessens Predigt, kein Zweifel, dass »Gottfürchtende und ehrliebende Studiosi« nicht nur »das jus Hospitii erkennen; und Ehre mit Ehr / Lieb mit Liebe vergelten«, sondern auch sich »mit fleißigem studieren / ehrbaren Leben / und gutem Wandel« hervortun würden.[5]

Doch wie sah die Realität kurz nach der Universitätsgründung aus? Bewahrheiteten sich die Ahnungen der Kieler Bürger oder sollte Jessen Recht behalten?[6]

2. Formen devianten Verhaltens unter Kieler Studenten

Um diese Fragen zu beantworten, ist aus der reichhaltigen Überlieferung[7] mit Hilfe von Marian Füssels Überlegungen zum Devianzbegriff[8] eine Aufstellung studentischer Delikte der Jahre 1665 bis 1668 (Anhang I)[9] entwickelt worden. Mit Blick auf die eingangs zitierten Aussagen des Kieler Pastors Friedrich Jessen zeigt diese Tabelle zuallererst eines: Die Befürchtungen der Kieler Bürger bewahrheiteten sich insoweit, als auf den Einzug der Studenten in die Stadt alsbald die ersten Vergehen folgten. Bereits im November 1665 gerieten die Studenten Nasser[10] und Stahl[11] auf der Hochzeitsfeier von Professor Sperlings Tochter in Streit um eine Frau, der fast in ein Duell mündete.[12] Darüber hinaus lässt sich im Untersuchungszeitraum von März 1666 an für fast jeden Monat und somit sehr regelmäßig mindestens ein studentisches Vergehen nachweisen. Vorfälle mit rein studentischer Beteiligung scheinen häufiger vorgekommen zu sein als Ereignisse, die – gleich in welcher Form – auch Bürger betrafen.[13] Um Vermutungen über das Verhältnis bürgerlicher Befürchtungen, vom Verhalten der 1665 neu in Kiel eingetroffenen Studenten beeinträchtigt zu werden, zur letztlich eingetretenen Realität anstellen zu können, ist eine getrennte Untersuchung der Vergehen nach ihrer Form und den beteiligten Personen nötig.

2.1. Vergehen mit rein studentischer Beteiligung

Unter den rein von Studenten begangenen und ausschließlich diese betreffenden Delikten fallen sowohl unterschiedliche Schweregrade devianten Verhaltens als auch einzelne Vorfälle auf, die miteinander in Beziehung stehen. Unter den vergleichsweise ›leichten‹, das heißt keine tätlichen Auseinandersetzungen umfassenden Vergehen, sind in erster Linie Verstöße gegen allgemein-gesellschaftliche Konventionen wie Tisch- und Gebetssitten sowie Umgangsformen zu nennen, die unterschiedliche Ausprägungen annahmen. Wie derartige Delikte aussehen konnten, veranschaulicht ein Schreiben, mit dem am 9. April 1667 die Seniores (Vorsteher) der vier Freitische im Konvikt[14] angesichts einer dortigen Untersuchung des Inspektors, der als Teil des Lehrkörpers die Aufsicht über Sitten und Speisequalität innehatte[15], zu folgenden Fragen Stellung bezogen: »1. Ob alle abend ein oder ander in das Convictorium trincken könne? 2. Ob unter dem gebette keine devotion gespüret, sondern ein gespött und allerley muhtwill getrieben würde? 3. Ob die degen entblößet und mit Knochen geworfen worden?«[16]

Konkret waren im Konvikt also in der Vergangenheit neben hohem Alkoholkonsum und fehlenden Tischsitten (Werfen von Knochen) mangelnde Andacht beim Gebet und ständiges Ziehen der Degen aufgefallen. Ebendiese Degen – ein eigentlich adliges, nunmehr und maßgeblich durch die adligen Universitätszöglinge studentisch gewordenes Statussymbol[17] – hatten sich demnach auch in der Gruppe der finanzschwachen, von Stipendien abhängigen Studenten der vier Freitische durchgesetzt. Wie häufig die genannten Vorkommnisse im Einzelnen waren, lässt sich angesichts fehlender weiterer Aufzeichnungen nicht mehr belegen, zumal sich die vier Seniores bemühten, ihre Kommilitonen vor eingehenderen Untersuchungen zu bewahren. Im Spannungsfeld, sich zu den Fragen konkret äußern zu müssen, aber sowohl keine Namen nennen als auch die Vorwürfe zurückweisen zu wollen, griffen die Seniores Tetens, Cobetantz, Müller und Jacobi auf bereits bekannte und untersuchte Einzelfälle zurück, betonten aber, dass es außer diesen Vergehen keine weiteren gegeben habe. Zur ersten Frage heißt es im Schreiben der Seniores somit, dass sie sich »keiner sonderlichen trunckenheit, außer aber, welche ohnlängst Schreibern und Lohmann zu einigem excess veranlaßet, zu erinnern wüsten«. Außerdem seien die Strafen, die die Vorfälle nach sich gezogen hätten, für alle anderen Studenten Abschreckung genug. Auch zur zweiten Frage wiesen die Seniores darauf hin, dass sie »von keinem sonderlichen gespött und verübten muhtwillen, außer deme, worüber Mons. Tetens in specie geklaget, zu sagen wüsten«. Kann bei den zur ersten Frage genannten Vergehen Schreibers[18] und Lohmanns[19] aufgrund fehlender Aufzeichnungen nicht mehr ermittelt werden, um welche Ereignisse es sich genau gehandelt hat, spielt die Antwort zur zweiten Frage ohne Zweifel auf eine Beschwerde des Seniors des ersten Tisches, Titus Tetens, gegen die Studenten Lohmann und Kling[20] an.[21] Offenbar angesichts fehlender bekannter und somit gefahrlos zuzugebender Beispiele erklärten Tetens und seine Kommilitonen zur dritten Frage, die Degen seien bloß unter Freunden zu Anschauungszwecken gezogen worden, und das Werfen von Knochen sei unwissentlich geschehen. Gleich im Anschluss erlaubten sich die Seniores zum Ende ihres Schreibens, »des Hrn Ephori Magnificenti gehorsamlich [zu] gebetten, dem ganzen convictorio mit wolgewogenheit zu gethan zu verbleiben, und selbiges wieder alle verleumbdungen bestmüglichst zu entschuldigen«.

Ob es seitens des Inspektors eine Antwort auf dieses Schreiben und eine Reaktion auf den Vorwurf der Verleumdung gegeben hat, ist nicht überliefert, wohl aber eine Maßnahme, die Unsitten der im Konvikt verköstigten Studenten zu begrenzen: Ein Lektor – zu diesem wurde am 22. April 1667 Joachim Reiche bestellt – sollte »unter dem essen die Bibell oder ein nützliches Buch« vorlesen.[22] Doch gänzlich Abhilfe schaffen konnte diese Maßnahme nicht, zumal der Lektor selbst, weil er »eine Zeitlang sehr unfleißig« gewesen war, am 29. Mai 1668 seines Amtes enthoben wurde und fortan nur noch gegen Bezahlung im Konvikt speisen durfte.[23] Auch wenn solche Fälle eher selten Eingang in die universitäre Überlieferung gefunden haben – Faulheit und entsprechend mangelhafter Fortschritt in den eigenen Studien sind ebenfalls zur Gruppe der hier beschriebenen, ohne Gewaltanwendung verübten Vergehen zu rechnen. Hierzu zählen auch die Fälle studentischer Verschuldung: Wenngleich sich die Gründe im Einzelnen nicht erschließen lassen, geht aus den Akten eindeutig hervor, dass mehrere Kieler Studenten in unterschiedlichem Maße ihre finanziellen Möglichkeiten überschritten. Eine Sammelbeschwerde des Ökonomen, also des wirtschaftlichen Leiters des Konvikts, führte am 11. April 1668 zum Ausschluss mehrerer Studenten aus dieser Einrichtung: Die jungen Männer waren mit der Zahlung ihrer Beiträge in Verzug geraten. Fast alle von ihnen wurden innerhalb der folgenden Tage nach Eingang der Gelder wieder aufgenommen – nicht allerdings der polnische Student Bitiskius, von dem es heißt, er sei »gar stillschweigend darvongezogen«[24]. Fast genau zur selben Zeit verließ ein weiterer Student, der schon aufgrund anderer Vergehen aktenkundig gewordene Ahrnholtz[25], Kiel aufgrund seiner Verschuldung. Seitens der Gläubiger wurde mit Arrest gedroht, schließlich pfändete man seine in Kiel zurückgelassenen Güter.[26] Die Einschaltung seines Vaters und ein Schreiben des Studenten an den Universitätsrektor trugen maßgeblich zur Klärung der Angelegenheit bei – Ahrnholtz wurde wieder an der Christiana Albertina aufgenommen. Im Februar 1668 wurde im Fall des Dominicus Nagel, eines norwegischen Studenten[27], ebenfalls der Vater angeschrieben, um die Schulden seines Sohnes beim Prokanzler, an dessen Tisch der junge Mann aufgenommen worden war, zu begleichen.[28]

Auch wenn die bis hierhin genannten Delikte durchweg ohne Anwendung von Gewalt abliefen, heißt dies nicht, dass sie alle als vergleichsweise harmlos anzusehen sind. Unter entsprechenden Umständen konnten auch aus den im Schreiben der Seniores erwähnten Vergehen, insbesondere aus der studentischen Sitte, große Mengen Alkohol zu konsumieren, Vorfälle entstehen, die in öffentliche Ärgernisse, gewaltsame Auseinandersetzungen und dementsprechend umfassende Untersuchungen mündeten.[29] Geradezu gefährlich konnten die studentischen Gelegenheitsstreiche dann werden, wenn offenes Feuer im Spiel war: Im Oktober 1668 trennte Kling, der bereits verdächtigt worden war, während des Gebets einen Knochen geworfen zu haben, von einem zerrissenen Tischtuch ein Stück ab, zündete es an und warf es in den Speisesaal des Konvikts. Vermutlich aufgrund der hieraus entstandenen Gefahr wurde er für drei Tage vom Konvikt ausgeschlossen.[30] Auch verbale Auseinandersetzungen blieben meist nicht singulär und somit harmlos, sondern mündeten oft in gewaltsam ausgetragene Streitigkeiten. Wie eng unterschiedliche Delikte auf diese Weise verzahnt waren und wie sie zur Entstehung studentischer Handgreiflichkeiten und grundsätzlich verbotener, aber dennoch immer wieder ausgefochtener Duelle[31] beitrugen, verdeutlicht folgendes Beispiel: Der im zitierten Schreiben der vier Seniores der Freitische im Zusammenhang mit übermäßigem Alkoholkonsum genannte Student Schreiber erschien nur einen Tag später erneut betrunken im Konvikt, wo er einen Streit begann, seinen ebenfalls aus Rendsburg stammenden Kommilitonen Wohlhat(ius) beleidigte und sich anschließend duellierte.[32] Das Protokollheft verzeichnet zu diesem Vorfall, dass Schreiber als Urheber des Vorfalls »gantz excludiret worden« sei.

Da studentische Duelle und darauf zulaufende Vorfälle sehr häufig auftraten und aus diesem Grunde oftmals gesammelt im Konsistorium verhandelt wurden[33], haben Rodenberg/Pauls unter Zuhilfenahme treffender Beispiele einen schematisierten Ablauf für die Entstehung von Duellen ausgearbeitet.[34] Mithilfe der Sammlung studentischer Vergehen in der erarbeiteten Tabelle (Anhang I) lässt sich dieser Ansatz nun um einige Aspekte erweitern – das Ergebnis liest sich wie eine Systematik von Eskalationsstufen, schließlich kulminierend im Duell als stilisiertem Prototyp der studentischen gewaltsamen Auseinandersetzung: Am Anfang (Eskalationsstufe I) konnten neben Pasquillen, das heißt öffentlichen Aushängen mit Spottreden[35], oftmals Trunkenheit mindestens eines der späteren Duellanten oder aber Wettbewerbssituationen wie Übungen auf dem Fechtboden stehen, die in verbale Auseinandersetzungen und Provokationen mündeten. Eskalierend wirkten insbesondere Angriffe auf die Ehre eines Beteiligten[36], Herausforderungen wie das Kratzen mit dem Degen in die Steine[37] sowie Blamagen vor ganzen Studentengruppen[38]. Auf Schimpfworte (Eskalationsstufe II) wie »Hundsfott« und »Bärenhäuter« folgten Ohrfeigen (Eskalationsstufe III) als erste Tätlichkeit, darauf dann meist weitere Angriffe (Eskalationsstufe IV), oft, aber nicht nur[39], mit den Degen, die die meisten Studenten, wie für das Kieler Beispiel das oben genannte Schreiben der vier Seniores zweifelsfrei belegt, stets bei sich trugen. In der Regel kam es jedoch selten gleich im Anschluss an eine Auseinandersetzung zum Duell; vielmehr folgte auf die Trennung der Streitenden zunächst eine Duellforderung (Eskalationsstufe V), die oft von gemeinsamen Bekannten oder Freunden, die dann beim eigentlichen Duell (Eskalationsstufe VI) teilweise auch als Sekundanten zur Verfügung standen, überbracht wurde.

In der Masse der Duelle zeichnen sich in der aufsteigenden Reihenfolge ihrer Gefährlichkeit die drei Formen des Hieb-, Stoß- und Pistolenduells ab.[40] Duelle, die mit Degen in drei bis vier Gängen ausgefochten wurden, endeten häufig ohne oder nur mit leichten Verletzungen der Beteiligten[41], während Pistolenduelle in dieser Hinsicht deutlich brisanter waren. Dagegen war der einzige gewaltsame Todesfall eines Studenten im vorliegenden Untersu-

Abb. 1
Zug der Studenten anlässlich der Universitätsgründung im Jahr 1665, Kupferstich aus: Alexander Julius Torquatus à Frangipani, Christiano-Albertinae Inauguratio.
[Kiel] 1666.
Universitätsbibliothek Kiel, Arch3 20.

chungszeitraum die Folge eines gefochtenen Duells, dem jedoch bereits ein Pistolenduell, das aber ohne Blessuren geblieben war, vorangegangen war. Dieser Fall war das Resultat über längere Zeit schwelender, mehrere der soeben genannten Eskalationsstufen aufweisender Auseinandersetzungen unter zwei eigentlich befreundeten Studenten, den jungen Adligen Buchholtz[42] und Moltke[43]. Auslöser des ersten Duells war ein Fall von übler Nachrede im März 1667 gewesen[44]: Moltke hatte nicht für sich behalten, dass Buchholtz sich eines Abends in Trunkenheit übergeben hatte, war daraufhin von Buchholtz zur Rede gestellt worden und hatte diesen beleidigt. Buchholtz, aus einer anderen Situation bereits im Fordern eines Duells erfahren[45], ließ es daraufhin zum Zweikampf kommen, in dem Moltke allerdings, möglicherweise aufgrund fehlender Übung im Fechten, das Pistolenduell wählte. Verletzt wurde niemand – die anschließende Untersuchung des Falls mündete in Arrest- und Geldstrafen für beide Studenten und die Intervention der Väter, die die Folgen für ihre Söhne mindern wollten. Nachhaltig scheint die so herbeigeführte Versöhnung aber nicht gewesen zu sein, da im Januar 1668 ein weiteres, nunmehr gefochtenes Duell stattfand, infolgedessen Buchholtz seinen Verletzungen erlag, Moltke dagegen in seine Heimat Mecklenburg fliehen konnte.[46]

Der geschilderte Fall mit seinen später noch zu thematisierenden juristischen Folgen mag ohne Zweifel als einschneidendes Beispiel für die Gefahr, die auch von gefochtenen Duellen ausgehen konnte, gelten. Bei Pistolenduellen lag das Risiko einer Verletzung zwar deutlich höher, diese Form der Auseinandersetzung trat jedoch insgesamt weitaus seltener auf. Mehrfach wurden zwar Beschwerden über Studenten, die »Puster« mit sich führten, laut[47], doch ist nur ein weiterer Fall belegt, in dem Pistolen als Waffen für ein Duell vorgesehen wurden: Im Frühjahr 1668 provozierte der schon mehrfach auffällig gewordene Student Lesgewang den Universitätsrittmeister »ad duellum equestre«, das heißt zu einem Pistolenduell zu Pferde. Dieses hochriskante Unternehmen wurde auf Einschreiten des Kieler Rates verboten.[48]

Die gesammelten Vorfälle belegen somit insgesamt die bisherige Einschätzung, dass die allermeisten studentischen Duelle mit Degen geführt wurden und in der Mehrzahl unblutig oder nur mit leichten Verletzungen ausgingen. Zu ihrer Versorgung bemühten die Studenten keine Ärzte, sondern städtische Barbiere oder deren Gesellen, die wie die Sekundanten teilweise direkt zum Austragungsort des Duells – oft war dies Düsternbrook[49] – mitgenommen wurden.[50] Zur Frage, wie oft Duelle tatsächlich stattfanden, gibt ein Konsistorialprotokoll zur Untersuchung verschiedener Auseinandersetzungen einen entscheidenden Hinweis: Am 9. Oktober 1668 wurden nicht weniger als sechs Duelle gleichzeitig verhandelt; hinzu kommt die Untersuchung eines weiteren Duells, das kurz zuvor stattgefunden hatte. Die Fülle weiterer Fälle machte es nötig, unter allen Sammeluntersuchungen nur diejenige vom 9. Oktober exemplarisch in die beigefügte Tabelle (Anhang I) aufzunehmen. Mehrfachnennungen der beteiligten Studenten legen nahe, dass die meisten Duellanten und durch andere Delikte auffallenden jungen Männer aus einer kleinen Gruppe einander gut bekannter und offenbar leicht zu provozierender beziehungsweise allgemein streit- bis rachsüchtiger Studenten stammten.[51] Generelle Aussagen werden aber erst möglich sein, wenn auch die Vergehen vorgestellt worden sind, die Kieler Bürger betrafen.

2.2. Kieler Bürger im Radius studentischer Devianz

Vorfälle, die – auf welche Weise auch immer – Bürger betrafen, scheint es insgesamt seltener gegeben zu haben als Vergehen mit rein studentischer Beteiligung und Auswirkung.[52] Genaue Schlüsse erlaubt die Quellenbasis aber leider nicht, da wahrscheinlich gar nicht alle Fälle zur Untersuchung gebracht wurden. In jedem Fall gehen aus den Konsistorialprotokollen zumeist die Studenten als hauptsächliche Aggressoren hervor. Bemerkenswert ist, dass es sowohl konkret gegen einzelne Bürger gerichtete Delikte als auch Handlungen, die auf die Institution und das Rechtssystem ›Stadt‹ insgesamt abzielten, gab – ähnlich geartete Vergehen gegen die Institution ›Universität‹ lassen sich dagegen nicht nachweisen. Diese direkt gegen die Stadt Kiel als Lebens- und Rechtsraum ihrer bürgerlichen Bewohner gerichteten studentischen Delikte waren insbesondere Sabotageakte: Anfang August 1666 wurden die Lindenbäume an der Holstenstraße angeschnitten und starben daraufhin ab, gleichzeitig war eine Beschädigung beim Kütertor zu verzeichnen[53] – die Täter waren wohl Zöglinge der Universität, deren Namen jedoch nicht ermittelt werden konnten. Knapp ein Jahr später, Ende Juli 1667, zeichneten die Studenten Koppy[54] und Amders[55] u. a. verantwortlich für die Beschädigung des Kaks, das heißt des städtischen Prangers, aus dem Steine herausgerissen worden waren.[56] Der Angriff auf den Kak als Instrument der städtischen Gerichtsbarkeit ist bereits als gezielte Verhöhnung dieser Macht, die die Studenten trotz aller Übel nicht belangen konnte, gedeutet worden.[57]

Wenige Chancen auf Ergreifung der Täter und Verhängung angemessener Strafen hatte ebendiese städtische Gerichtsbarkeit häufig auch dann, wenn Studenten gezielt mit Bürgern in Streit gerieten oder diese angriffen. Die Formen der Vergehen umfassten – eine Parallele zu den Vorfällen mit rein studentischer Beteiligung – die gesamte Bandbreite von Beleidigungen bis hin zu Tötungsdelikten. Oft traten mehrere Delikte parallel auf: Beleidigungen von Studenten gegen Bürger konnten in anschließende gewaltsame Auseinandersetzungen münden.[58] Die Beherrschung und Ausdauer, Beleidigungen gegen seine Person zunächst ruhig hinzunehmen, dann aber mehrere Klagen bei der Stadt einzureichen, besaß nur der Bürger Jürgen Gabæo, der sich im Verlauf des Juni 1668 schriftlich über die Studenten Gryphiander und Röhl beschwerte, die ihn »nebst andern complicibus, die Obige wohl nennen werden«, verbal angegangen haben sollten.[59] Der Fall wurde an die Universität weitergereicht, sodass sich die Beschuldigten rechtfertigen mussten, was in scharfen Worten geschah.

Neben verbalen Attacken auf Stadtbewohner sind tätliche Übergriffe auf einzelne Bürger überliefert. Der genaue Tathergang lässt sich in der Regel nicht mehr rekonstruieren, zumal dazu meist schon direkt im Anschluss an den Vorfall die Meinungen auseinandergingen. Insofern lässt sich nur vermuten, dass die jeweiligen Urheber unter den beteiligten Studenten zu suchen sind. Im April 1668 etwa gab ein Bürger an, von einem Studenten namens Creißbach[60] angegriffen worden zu sein und diesen in Notwehr verwundet zu haben.[61] Nur wenig später beschweren sich die Kieler Bürger Philip Eckhardt und Hans Fincke beim Bürgermeister darüber, dass vier Studenten sie am Abend auf offener Straße angegriffen und mit mehreren Degenstichen verletzt hätten – in direktem zeitlichen Zusammenhang waren Eckhardt und Fincke maßgeblich an einer nächtlichen, zunächst verbalen, dann tätlichen Auseinandersetzung mehrerer Bürger mit einer Gruppe Studenten beteiligt gewesen.[62] Wer diesen Streit begonnen hatte und ob es sich beim Übergriff auf Eckhardt und Fincke möglicherweise um eine studentische Racheaktion gehandelt haben könnte, bleibt im Dunkeln. Da sich Übergriffe von Studenten auf Bürger offenbar häuften, beriet das Konsistorium am 18. Juli 1668 über die Missstände – fortan sollte »den Burschen injungieret werden […], sich keines weges an die Bürgersleüte zu vergreifen«[63]. Übergriffe erfolgten jedoch nicht nur auf die Personen der Stadtbewohner, sondern auch auf deren Wohnraum. Von August 1666 an sind mehrere Beschädigungen an Bürgerhäusern zu verzeichnen[64]; in allen Fällen, in denen die Art der Beschädigung überliefert ist, handelte es sich um Einwürfe von Fensterscheiben.[65] Die Täter konnten oft nicht ermittelt werden, weil sich die Vorfälle abends oder nachts und somit bei Dunkelheit abspielten. Dass die Vergehen durchaus nicht nur auf das Konto von Einzeltätern gingen, sondern manchmal ganze Studentengruppen am Werk waren, belegt eine Untersuchung aus der Jahresmitte 1668: Laut eines überlieferten Fragenkatalogs und einiger Befragungsprotokolle wurden mehrere Studenten eines massiven Hausfriedensbruches beschuldigt. Eine Gruppe von zwölf oder dreizehn Personen war eines Abends in das Haus des Johannes Brabender eingedrungen, hatte diesen belästigt und bedroht sowie anschließend obszöne Gesänge von sich gegeben.[66]

Insbesondere die hier genannten Gesänge, aber noch einige andere Delikte wie das Abschießen von Raketen im Stadtgebiet[67] sind dem Bereich der Ruhestörung sowie der Erregung öffentlichen Ärgernisses zuzuordnen. Wie ein Fall aus dem Januar 1667 andeutet, betrafen diese meist nachts begangenen Vergehen nicht nur die anwohnenden, vom Lärm gestörten Bürger, sondern hatten auch das Potenzial, in größere gewaltsame Auseinandersetzungen zu münden – nicht nur unter rein studentischer Beteiligung, sondern auch mit den städtischen Nachtwächtern, die die vielen Ausschreitungen oft gar nicht kontrollieren konnten.[68] Hinzu kommen Fälle, in denen ganze Gruppen von Bürgern, die sich offenbar aus Angst vor Übergriffen selbst mit Degen bewaffneten[69], in den Straßen Kiels mit mehreren studentischen, oft betrunkenen Widersachern aneinander gerieten.[70] Teilweise spielten sich solche Ereignisse in mehreren aufeinanderfolgenden Nächten ab.[71] Besonderes Aggressionspotenzial scheinen allseits diejenigen Situationen entfaltet zu haben, in denen Studenten und Handwerker oder Handwerksgesellen, das heißt zwei unterschiedliche soziale Gruppen im selben Lebensalter, aufeinander trafen. Im Sommer 1668 verursachte ein Student einen Streit mit mehreren Schneidern[72], indem er sich wohl im Beisein seiner Kommilitonen als Schneidergeselle ausgab und so tatsächliche Angehörige dieser Berufsgruppe provozierte.[73] Etwa zur selben Zeit kam in einer bewaffneten Auseinandersetzung zwischen beiden Gruppen der Zimmerergeselle Jürgen Korthaus ums Leben. Er hatte offenbar einigen Studenten mit der Absicht, sie zu erschrecken, aufgelauert und war daraufhin von ihnen angegriffen sowie tödlich verwundet worden.[74] An der Untersuchung des Falls waren sowohl die Stadt als auch die Universität beteiligt.

Eindeutig von den Studenten ging die Provokation wiederum in denjenigen Fällen aus, in denen Universitätszöglinge, oftmals als ungebetene Gäste, auf Hochzeiten Unfrieden stifteten[75] oder Gottesdienste störten. Bereits sehr kurz nach Gründung der Universität trat der erste dieser Fälle auf: Auf der Hochzeitsfeier der Tochter des Professors Sperling gerieten die Studenten Nasser und Stahl in Streit; eine Verabredung zum Duell wurde durch Einlenken Nassers abgewendet. Im Sommer 1668 tauchten mehrere Studenten sogar auf der Hochzeit des Kieler Ratsherrn Jacob Stegelmann auf, wo sie zur Vermeidung von Streit zunächst bewirtet wurden. Nach Ende des Festes reagierten sie auf die höfliche Bitte, endlich zu gehen, jedoch mit Einwerfen der Fensterscheiben und Belästigung eines Musikanten, der durch einen Degen am Arm verletzt wurde.[76] Die leichten Tendenzen zur Blasphemie, die im Schreiben der Seniores über Streiche während des Gebets angeklungen sind, erreichten im Dezember 1668 eine ganz andere Qualität, als die Studenten Reibnitz[77] und Thomsen[78] einen ganzen sonntäglichen Frühgottesdienst störten. Volltrunken und fluchend verlangten sie Einlass in die Kirche, schlugen den Jungen, der ihnen die Kirchentür öffnete, und erhielten schließlich unter weiteren Flüchen und Drohungen Kerzen. Während des Gottesdienstes spuckten sie vom Chor aus auf die anderen Gottesdienstbesucher und warfen eine Kerze hinunter, um anschließend die Gesänge lautstark zu stören.[79] Im vorliegenden Fall konnten der Ablauf der Ereignisse und die beteiligten Personen zweifelsfrei ermittelt werden, während das Konsistorium bei einem anderen Vorgang im Frühjahr 1668 noch eine genauere Untersuchung der Frage beschlossen hatte, ob Studenten oder Schüler den damaligen Tumult begonnen hatten.[80]

Abb. 2
Fragenkatalog (Auszug) zu einem Verhör mehrerer Studenten wegen Störung eines Gottesdienstes (Ende 1668). LASH, Abt. 47, Nr. 727.

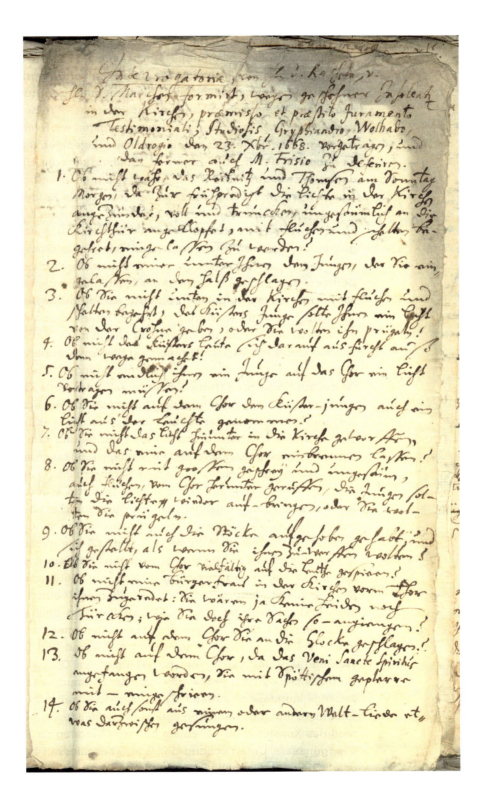

Aus der Geschichte der Christian-Albrechts-Universität

3. Universitäre Rechtsprechung und Bestrafung der Täter

Einem solchen breit gefächerten Spektrum von Vergehen sowohl mit rein studentischer als auch mit bürgerlicher Beteiligung hatte die universitäre Gerichtsbarkeit zwar verschiedene Strafen entgegenzusetzen[81], die jedoch keine oder so gut wie keine Wirkung hatten. Geldstrafen wurden zwar in höherer Zahl und zumeist in gar nicht geringen Beträgen[82] festgesetzt, ihre Bezahlung blieb jedoch oft aus und hatte dann meist keine weiteren Konsequenzen. Pfändungen oder Beugehaft im Karzer kamen kaum vor; manchmal zahlten die Väter Teile der Summen.[83] Auch die Karzerstrafe war eher ungeeignet, studentische Übeltäter von künftigen Vergehen abzuhalten: Die beim Pedellen liegende Aufsicht über die inhaftierten Studenten erlaubte nämlich Besuche von Freunden und sogar Ausgänge. Kamen bei diesen laxen Sicherheitsvorkehrungen allerdings – sowie im Fall der Studenten Koppy und Amders – Fluchten in Kombination mit anderen Delikten vor, führte dies zu härteren Strafen. Als solche standen dem Konsistorium der Christiana Albertina für Vergehen von besonderer Schwere oder Serien von Delikten der Verweis (Consilium abeundi) sowie die Relegation als härteste Strafe zur Verfügung.[84] Beide bedeuteten nicht nur den Ausschluss aus der Universität, sondern auch eine Verbannung aus einem Umkreis von einer Meile. Relegationen waren oft zeitlich begrenzt, wurden aber meist mit mehrjähriger Dauer ausgesprochen – in schwerwiegenden Fällen wie etwa denen der Studenten Koppy und Amders konnten derartige, für eine Dauer von sechs beziehungsweise acht Jahren[85] verhängte Strafen bereits empfindliche Auswirkungen auf die nähere Zukunftsplanung für die jungen Männer haben. Mutmaßlich war dies der Grund, warum, wie im Fall von Koppy, in solchen Situationen manche Väter eingriffen und – erfolgreich – versuchten, die Strafen ihrer Söhne mit Bitten, Drohungen oder Geldzahlungen zu mildern oder ganz auszusetzen. Entschuldigungsschreiben bestrafter Studenten sowie Eingaben ihrer Väter sind in den Akten zuhauf überliefert und belegen, wie unstet die Universität mit den Möglichkeiten ihrer Gerichtsbarkeit umging: Viele Relegationsstrafen wurden nachträglich zugunsten der Verurteilten gesenkt und in Karzerstrafen oder Geldbußen umgewandelt. Im Falle der Studenten Buchholtz und Moltke, die vor Buchholtz' Tod 1668 bereits im März 1667 durch ein Pistolenduell aufgefallen waren, erwirkten die Väter der Betroffenen sogar, dass die verhängten Arrest- und Geldstrafen gemildert wurden.[86]

Ein nicht zu vernachlässigender Faktor bei der Korrektur insbesondere von Relegationsstrafen stellte Herzog Christian Albrecht dar: Hatten die Relegierten gute Kontakte zum fürstlichen Hof, richteten sie ihre Bitten um Strafmilderung gar nicht erst an das Konsistorium, das die Strafen verhängt hatte, sondern direkt an den Universitätsgründer und -rektor auf Schloss Gottorf. Dieser behielt sich mehrfach vor, die Strafen auszusetzen und die betroffenen Studenten zu begnadigen[87] – im Fall des getöteten Zimmergesellen griff er sogar der noch laufenden Untersuchung vor und erklärte Jürgen Korthaus posthum für schuldig[88]. Mit jeweils nachträglichen Eingriffen des Landesherrn in die universitäre Strafjustiz war somit jederzeit zu rechnen. Ein maßgeblicher Grund für diese Vorgänge mag sicherlich die Furcht vor einem Niedergang der Studentenzahlen an der noch jungen Christiana Albertina gewesen sein.[89] Im Kreise der schon deutlich länger etablierten Hochschulen, die studentische Ausschreitungen in gewissen Bahnen duldeten oder sie mit den Mitteln der eigenen akademischen Gerichtsbarkeit nicht verhindern konnten, durfte sich die neue Universität nicht durch deutlich strengere Maßnahmen negativ absetzen.

Waren die Kompetenzen zwischen den unterschiedlichen Rechtsräumen Universität und Stadt sowie dem Landesherrn als weiterer Rechtsinstanz ansonsten relativ klar abgegrenzt, wies die Causa des beim Duell getöteten Buchholtz 1668 quasi als Präzedenzfall auf die zwingende Notwendigkeit hin, die räumliche Reichweite der universitären Strafverfolgung eindeutig zu definieren. Gleich im Anschluss an das tödliche Duell war der Überlebende Moltke, ergebnislos verfolgt von Buchholtz' Vater, in seine Heimat Mecklenburg geflohen. Ohne Rücksprache mit dem eigenen Landesherrn wandte sich die Kieler Universität direkt an den mecklenburgischen Herzog, um mit dessen Hilfe den Flüchtigen zu ergreifen. Als Christian Albrecht davon Kenntnis erhielt, wies er die Kieler Professoren erbost zurecht.[90] Die Verfolgung der unter die universitäre Gerichtsbarkeit fallenden Personen sei der Hochschule ausdrücklich nur innerhalb der Stadtmauern erlaubt, andere Fälle sollten dem Herzog vorlegt werden:

»So Declariren, Vndt erläutern Wir, Vmb verhütung aller darauß besorglich erwachsenden confusion, obbemelten §. quartum, dahin, das zuvorn nach Buchstablichen Inhalt deßelben, dem Magistratui Academico, in criminalib(us), wan der Thäter in dero Bottmeßigkeit, oder Innerhalb der StadtMauern betreten, Vndt Vf vorhin außgetrukter manier apprehendiret wirdt, die cognitio, usq(ue) ad Executionem, beikommen, Vndt verpleiben soll, Wan aber der Thäter außgetreten, Vndt in frembder jurisdiction anzutreffen, besagter Magistrat(us) Academic(us), selbigen mit Stock- Vndt hafftbriefen, oder andern Subsidialschreiben zu afterfolgen, nicht bemächtiget, besondern an Uns, als die hohe Landesfürstliche Obrigkeit daßelbe gelangen laßen, Vndt Vnßere weitere Verfügnus gewertig sein sollen.«[91]

Bei minderschweren Delikten wie beispielsweise der Abreise aus Kiel ohne Begleichung der Schulden hatte die Universität bislang ohne jegliche Zurechtweisung versucht, der Täter auch außerhalb des Kieler Stadtgebiets habhaft zu werden. Allerdings waren hierbei auch keine Appelle an fremde Landesherren erfolgt, sondern man hatte sich zumeist brieflich an die Studenten selbst oder aber an ihre Väter gewandt.

4. Kiel ab Oktober 1665 – fest im Griff studentischer Devianz?

Abschließend sei der Blick noch einmal auf die eingangs gestellten Fragen gerichtet: Wie sah die Realität studentischen Fehlverhaltens in Kiel kurz nach der Universitätsgründung insgesamt aus? Haben sich die von Jessen wiedergegebenen Befürchtungen der Kieler Bürger bewahrheitet?

Mit Blick auf die beschriebenen Vorfälle lässt sich nicht leugnen, dass die Gründung der Christian-Albrechts-Universität im Oktober 1665 insbesondere im Bereich der öffentlichen Ordnung spürbare Auswirkungen auf die Stadt Kiel hatte. Studentische Devianz trat in all ihren Facetten zwar nicht täglich, aber mit zumeist mindestens einem Ereignis pro Monat so häufig auf, dass sie auf jeden Fall im Stadtbild bemerkbar gewesen sein muss. Hinzu kommt, dass ein nicht geringer Teil der Delikte die Stadtbürger direkt betraf – sei es in Form nächtlicher Ruhestörungen auf der Straße oder mittels gewaltsamer Übergriffe auf einzelne Personen. Zweifelsohne begünstigt wurde dies sowohl von der gängigen Praxis des Konsistoriums, harte Strafen kaum zu verhängen, als auch von den stetigen Interventionen des Herzogs, der besonders gut bei Hofe angesehene oder eingeführte Studenten von ihren Verurteilungen freisprach. Die Vorurteile der Bürger gegenüber den neuen studentischen Stadtbewohnern bewahrheiteten sich aber dennoch nicht gänzlich. Sicher fielen Universitätszöglinge »mit nächtlichem grassiren / tumultuiren und allerley Frevel sowie mit fressen / sauffen und allerley leichtfertigem Wesen«[92] auf – doch traf dies nur auf einen Teil der jungen Männer zu (vgl. Anhang I): An den allermeisten Fällen waren durchweg Wiederholungstäter beteiligt; auch die Gruppe der bloßen Zuschauer und Zeugen der Vorfälle speiste sich oft zu größeren Teilen aus Personen, die bereits selbst durch Delikte auf sich aufmerksam gemacht hatten. Auch die indirekte Mitwirkung an Duellen, als Zuschauer, Überbringer einer Duellforderung oder Sekundant, lässt zumindest auf eine ausdrückliche Billigung der Geschehnisse und eine enge Verbindung zu anderen auffälligen Personen schließen.

Wurde die Anzahl der studentischen Täter früher noch auf zehn bis zwanzig junge Männer geschätzt, legen es die in den hier dargestellten Untersuchungen öfters genannten Personen nahe, diesen Kreis zumindest für die Jahre 1665 bis 1668 auf mindestens dreißig Personen zu erweitern (vgl. die Tabelle in Anhang II). Zum Vergleich: Bis zum Dezember 1668 sind insgesamt 346 Immatrikulationen zu verzeichnen.[93] Im Umkehrschluss bedeutet diese Eingrenzung aller Kieler Studenten auf rund dreißig Wiederholungstäter jedoch auch, dass deviantes Verhalten zumindest an der Christiana Albertina als Kennzeichen einer verhältnismäßig kleinen Gruppe gewertet werden kann: Der überwiegende Teil der Kieler Universitätszöglinge fiel nicht als wiederholter Verursacher von Delikten, die zur Anzeige oder Untersuchung gebracht wurden, auf.

Der genannte Personenkreis der ca. dreißig auffälligen Studenten grenzte sich in seinem Verhalten dagegen gemeinschaftlich und umso deutlicher als »Standeskultur auf Zeit«[94] von den unauffälligen Kommilitonen sowie den Kieler Bürgern ab und ging auf Konfrontationskurs. Mit Ausnahme der zeitlich begrenzten Zugehörigkeit zur nach außen abgeschlossenen sozialen Gruppe der Studenten[95] und den besagten Vergehen fallen allerdings kaum Parallelen zwischen diesen wiederholt auffälligen jungen Männern ins Auge, mit denen sich eventuell ein Prototyp besonders deviant agierender Studenten herausarbeiten ließe. Waren umfangreiche »Geldmittel«[96] ein Charakteristikum der Täter? Diese Vermutung lässt sich im Blick auf die leider nur vereinzelt überlieferten Summen, die zur Einschreibung gezahlt wurden, nicht zweifelsfrei belegen. Mit Ausnahme des in der Tat aus begüterter Familie stammenden Koppy[97] zahlten die meisten Studenten, bei denen die Beträge bekannt sind, niedrigere Summen. Der später in mehreren Duellen aufgefallene Börner wurde sogar ohne Geldzahlung immatrikuliert und scheint somit arm gewesen zu sein. Auch die in den Immatrikulationen vermerkte Herkunft[98] erlaubt keine weitergehenden Schlüsse: Wie ihre Kommilitonen insgesamt stammten die meisten auffälligen Studenten aus den Herzogtümern Schleswig und Holstein, einige aus angrenzenden norddeutschen Gebieten. Insofern müssen neben Reichtum und Herkunft andere Faktoren die Ausprägung devianten Verhaltens in der heterogenen Kieler Studentenschaft der frühen Neuzeit befördert haben. Die beschriebenen Eskalationsstufen studentischer Auseinandersetzungen liefern hierzu entscheidende Hinweise: Delikte und Streitigkeiten entwickelten sich meist unter Alkoholeinfluss, ferner in konfliktträchtigen und solchen Situationen, in denen die Kränkung der eigenen Ehre vor Kommilitonen zu befürchten war. Insbesondere die Konflikte der Studenten mit den in etwa gleichaltrigen Handwerksgesellen legen nahe, dass auch allgemeine Rauflust, Konfrontationsbereitschaft und Geltungsdrang der jungen Männer beider Gruppen, die sich oft erstmals selbstständig in einer zumeist fremden Stadt aufhielten, einen entscheidenden Teil zur Beförderung devianten Verhaltens beigetragen haben.[99] Dass die Streitigkeiten schnell in Gewalt ausarteten, begünstigte entscheidend der ursprünglich adlige, nunmehr von studentischer Seite übernommene Habitus des Degentragens.

Insgesamt gesehen präsentieren sich die Auslöser, Ursachen und Beweggründe studentischer Devianz in Kiel somit in jeglicher Hinsicht als vielfältig und auf komplexe Weise miteinander verschränkt. Wie insbesondere die Parallelen zwischen Studenten und Handwerksgesellen nahelegen, sind die »spezifischen Formen studentischer Soziabilität«[100] als ein maßgeblicher, aber nicht alleiniger Hintergrund abweichenden Verhaltens im studentischen Milieu zu begreifen.

Anmerkungen

1 Zu den Feierlichkeiten vgl. Jan Könighaus, Die Inauguration der Christian-Albrechts-Universität zu Kiel 1665. Symbolgehalt und rechtliche Bedeutung des Universitätszeremoniells (Rechtshistorische Reihe 252), Frankfurt a.M. u.a. 2002; Max Leisner, Feiern, Fest und Vergnügungen im alten Kiel, Kiel 1974, S. 44-46 sowie Gustav Ferdinand Thaulow, Die Feierlichkeiten bei der Einweihung der Kieler Universität in den Octobertagen des Jahres 1665. Nach Alexander Julius Torquatus von Frangipani mit Rücksicht auf das bevorstehende 200jährige Jubiläum der Kieler Universität, Kiel 1862. Die Reden und Predigten der Feier sind zusammengestellt in: Alexander Julius Torquatus à Frangipani, Christiano-Albertinae Inauguratio, [Kiel] 1666. Gleichwohl bestehen nach Carl Rodenberg/Volquart Pauls, Die Anfänge der Christian-Albrechts-Universität Kiel ... (Quellen und Forschungen zur Geschichte Schleswig-Holsteins 31), Neumünster 1955, S. 51f. Zweifel, ob die bei Frangipani abgedruckten Texte die tatsächlich gehaltenen Reden widerspiegeln, oder ob es sich um eigens zur schriftlichen Überlieferung der Gründungszeremonie zusammengestellte Langfassungen handelt. Vgl. aktuell zur Inauguration 1665 und zur Festkultur der Christiana Albertina Oliver Auge, Die CAU feiert: Ein Gang durch 350 Jahre akademischer Festgeschichte. In: Ders. (Hg.), Christian-Albrechts-Universität zu Kiel. 350 Jahre Wirken in Stadt, Land und Welt, Kiel/Hamburg 2015, S. 216-259.

2 Friedrich Jessen, Kielische Lob- Denck und Danck-Predig. In: Alexander Julius Torquatus à Frangipani, Christiano-Albertinae Inauguratio, [Kiel] 1666, S. 26. Auch zu den folgenden Zitaten. Eine inhaltliche Zusammenfassung der Predigt bietet Thaulow (wie Anm. 1), S. 28-32.

3 Kersten Krüger/Andreas Künne, Kiel im Gottorfer Staat (1544 bis 1773). In: Jürgen Jensen/Peter Wulf (Hgg.), Geschichte der Stadt Kiel (1242-1992). 750 Jahre Stadt, Neumünster 1991, S. 65-136, hier S. 74-84.

4 Jessen (wie Anm. 2), S. 26-28. Jessen erklärte, von einer Inflation sei noch gar nichts zu merken, und Universitäten erforderten notwendigerweise »viel zu stifften und zu halten«. Im Gegenzug zögen sie Expertenwissen in die Stadt und eröffneten die Chance, dem dazu geeigneten Kieler Nachwuchs ohne weite Reisewege und allzu hohe Kosten zu einer akademischen Ausbildung zu verhelfen.

5 Ebd., S. 28f.

6 Die bisherige Forschung zu diesem Thema umfasst Überblicksdarstellungen sowie kursorische Beiträge und Arbeiten zu Einzelaspekten, z.B. Alexander Scharff, Kieler Studenten und Studentenleben in den ersten zwei Jahrhunderten der Christiana Albertina. In: Mitteilungen der Gesellschaft für Kieler Stadtgeschichte 59.5/6 (1975), S. 53-64. In Scharffs Aufsatz fehlen allerdings Hinweise auf die Überlieferung. Schlürmann liefert vor allem Beispiele aus dem 17. Jahrhundert und geht daneben in aller Kürze auf die Fechtmeister der Universität ein: Jan Schlürmann, Matrikel, Meister und Mensuren. Die Christian-Albrechts-Universität, ihre Studenten und die Fechtkunst im 17./18. Jahrhundert. In: Schleswig-Holstein 2002.4, S. 8-10. Beinahe unisono und meist unter Zuhilfenahme einzelner besonders ausschweifender Exzesse heben die Beiträge die Gewaltbereitschaft der Kieler Studierenden hervor. Vgl. beispielsweise Karl Jordan, Christian-Albrechts-Universität Kiel 1665-1965, Neumünster 1965, S. 19. Eine Ausnahme bildet Annerose Sieck, Kiel. Eine kleine Stadtgeschichte, Erfurt 2005, S. 45: Hinsichtlich der oben zitierten bürgerlichen Vorbehalte gegen die Studenten schreibt Sieck pauschal, diese hätten sich nicht bewahrheitet. Woher diese Erkenntnis stammt, bleibt unklar, zumal Sieck gleich im Anschluss erklärt, es habe »regelmäßig« Konflikte insbesondere zwischen Handwerkern und Studenten mit einem Todesfall auf bürgerlicher Seite (1668) gegeben. Zu diesem Fall, der Tötung des Zimmerergesellen Jürgen Korthaus, vgl. die umfassenden Ausführungen in den Abschnitten 2.2 und 3. des vorliegenden Aufsatzes. Eine insgesamt etwas ausführlichere, aber hinsichtlich der mutmaßlichen Täter wenig spezifizierte Darstellung studentischen Fehlverhaltens findet sich ferner bei Rodenberg/Pauls (wie Anm. 1), insbes. S. 119-160. Auch in Elkars Studien zur Geschichte der Kieler Studierenden (Studieren in Kiel. Eine historisch-politische Zeitreise von den Anfängen bis zur Gegenwart [Sonderveröffentlichungen der Gesellschaft für Kieler Stadtgeschichte 77], Husum 2015, bes. S. 26-29; Ders., Akademische Bürger und Novizen – die ersten Studenten der Universität Kiel. In: Christiana Albertina 75 (2012), S. 50-73, hier 68f.) sind einige Fälle studentischer Devianz vermerkt. – Arbeiten, die darüber hinausgehen, fehlen für Kiel bislang. In dieser Hinsicht wegweisende Studien zu anderen Universitätsstädten (Köln, Göttingen, Freiburg, Tübingen) haben den vorliegenden Beitrag mit angeregt: Marian Füssel, Devianz als Norm? Studentische Gewalt und akademische Freiheit in Köln im 17. und 18. Jahrhundert. In: Westfälische Forschungen 54 (2004), S. 145-166. Stefan Brüdermann, Göttinger Studenten und akademische Gerichtsbarkeit im 18. Jahrhundert (Göttinger Universitätsschriften, Serie A, Schriften 15), Göttingen 1990. Barbara Krug-Richter, Du Bacchant, quid est Grammatica? Konflikte zwischen Studenten und Bürgern in Freiburg/Br. in der Frühen Neuzeit. In: Dies./Ruth-E. Mohrmann (Hgg.), Praktiken des Konfliktaustrags in der Frühen Neuzeit (Symbolische Kommunikation und gesellschaftliche Wertesysteme 6), Münster 2004, S. 79-104; Elke Liermann, Muffen, Wetzen, Raupen. Freiburger Studentenhändel im 16. und 17. Jahrhundert. In: Dies./Tina Braun, Feinde, Freunde, Zechkumpane. Freiburger Studentenkultur in der Frühen Neuzeit, Münster 2007, S. 29-120; Kim Siebenhüner, »Zechen, Zücken, Lärmen«. Studenten vor dem Freiburger Universitätsgericht 1561-1577 (Alltag & Provinz 9), Freiburg i. Br. 1999. Oliver Auge/Friederieke Maria Schnack, Gewaltsame Auseinandersetzungen, Verletzungen und Todesfälle im studentischen Milieu der Universität Tübingen im 16. Jahrhundert [im Druck].

7 Für die vorliegende Studie sind eine Fülle unterschiedlicher Quellen, insbesondere Konsistorialprotokolle, ausgewertet worden, außerdem Fragekataloge für Verhöre von Studenten, die zugehörigen Mitschriften, ferner bürgerliche Beschwerdebriefe, studentische Stellungnahmen, Rehabilitationsschreiben, Berichte der Universität an den Herzog und entsprechende Antworten sowie ein bis 1668 fragmentarisch erhaltenes Protokollheft, in dem man monatlich die Ereignisse und Ausschreitungen im Konvikt notierte. Angesichts der großen Zahl zu sichtender Quellen war es nötig, den Untersuchungszeitraum auf die Zeit zwischen Oktober 1665 und dem Jahresende 1668 einzugrenzen. Zwar erscheint der Untersuchungszeitraum vergleichsweise klein, ermöglicht aber dafür einen sehr detaillierten Blick auf die Vorfälle und – im Rückgriff auf die bereits zitierten bürgerlichen Vorbehalte um 1665 – einen umfassenden Einblick in die Situation kurz nach der Universitätsgründung. Wie einige bereits veröffentlichte Studien zur studentischen Devianz an anderen Universitäten zeigen, ist es oft nur dann möglich, einen größeren Zeitraum in einem Aufsatz genau zu bearbeiten, wenn es, wie etwa zum Analysebeispiel Tübingen, schon Vorarbeiten zur Sichtung der Quellen gibt. Vgl. für Tübingen und einen ca. 70 Jahre umfassenden Untersuchungszeitraum (1532-1600): Auge/Schnack (wie Anm. 6) [im Druck] im Rückgriff u. a. auf die zwar umfassende chronologische, aber ansonsten nicht weiter reflektierte Sammlung unterschiedlicher Vorfälle bei Robert von Mohl, Geschichtliche Nachweisungen über die Sitten und das Betragen der Tübinger Studirenden während des 16ten Jahrhunderts, 2. Aufl., Tübingen 1871.

8 Laut Füssel agierten die Studenten als »Untergruppe innerhalb der privilegierten Gemeinschaft der akademischen Bürger« und wurden auch als solche wahrgenommen (dazu und zum Folgenden Marian Füssel, Gelehrtenkultur als symbolische Praxis. Rang, Ritual und Konflikt an der Universität der Frühen Neuzeit [Symbolische Kommunikation in der Vormoderne. Studien zur Geschichte, Literatur und Kunst], Darmstadt 2006, S. 250). Sowohl das den Studenten als soziale Gruppe eigene »Ehrverständnis« als auch der »Anspruch auf die ›akademische Freiheit‹« ließen »deviantes Verhalten innerhalb der studentischen Kultur geradezu zur Norm werden« und führten häufige Konflikte mit anderen sozialen Gruppen sowie mit den Rechtsprechungs- und Verwaltungsorganen von Stadt und Universität herbei. Da die jungen Männer sich hinsichtlich ihrer Herkunft jedoch mitunter massiv voneinander unterschieden und sie alle nur über einen begrenzten Zeitraum der Gruppe der Studenten angehörten, postuliert Füssel, sie nicht als »Gegengesellschaft« zur sonstigen Stadtbevölkerung oder »Subkultur«, sondern vielmehr als heterogene »Standeskultur auf Zeit« zu sehen (Füssel [wie Anm. 6], S. 166). Was genau am studentischen Verhalten als dezidiert ›deviant‹ zu gelten hat beziehungsweise aus welchem Grunde im sozialen Spannungsfeld zwischen Stadt und hiervon rechtlich losgelöster Universität studentische Verhaltensweisen als Normverstöße betrachtet wurden, hängt nach Füssel zwangsläufig davon ab, »was in einer jeweiligen Gesellschaft überhaupt als ›kriminell‹ angesehen wurde« (ebd., S. 146f.). Ferner zum Devianzbegriff beispielsweise: Gerd Schwerhoff, Aktenkundig und gerichtsnotorisch. Einführung in die historische Kriminalitätsforschung (Historische Einführungen 3), Tübingen 1990, S. 11f.; Joachim Eibach, Kriminalitätsgeschichte zwischen Sozialgeschichte und Historischer Kulturforschung. In: Historische Zeitschrift 263 (1996), S. 681-715.

9 Die Tabelle in Anhang I führt die unterschiedlichsten Delikte in chronologischer Form samt Hinweisen zu den Verursachern auf. Trotz ihres Umfangs kann diese Tabelle aber nur einen Einblick in die Bandbreite studentischen Fehlverhaltens geben, ohne letztlich statistisch belastbare Schlüsse über die Häufigkeit einzelner Delikte zu ermöglichen: Es lassen sich zum einen nur diejenigen Vorfälle aufzählen, die von der akademischen Gerichtsbarkeit verfolgt wurden, das heißt die überhaupt zu ihrer Kenntnis gelangt sind. Eine eindeutige Trennung einzelner Vergehen ist nicht immer möglich, da viele Delikte ursächlich zusammenhingen. Die immense Quellenfülle macht es darüber hinaus unmöglich, absolut alle Delikte in tabellarischer Form aufzuzählen.

10 Franz Gundlach (Hg.), Das Album der Christian-Albrechts-Universität zu Kiel 1665-1865, Kiel 1915, S. 1, Nr. 40 (1665 Okt. 11): »M. Bartholomaeus Nasser«.

11 Ebd., S. 2, Nr. 58 (1665 Okt. 18): »Johan-Fridericus Sthal Apenrahda-Holsatus«.

12 Landesarchiv Schleswig-Holstein, Schleswig (im Folgenden: LASH), Abt. 47, Christian-Albrechts-Universität zu Kiel, Nr. 929, Akademische Protokolle, Bd. 1, S. 72-78, Konsistorialprotokoll (1665 Dez. 5).

13 Der Übersichtlichkeit halber sind in der beigefügten Tabelle (Anhang I) diejenigen Vorfälle, an denen Bürger beteiligt waren bzw. die diese betrafen, grau unterlegt.

14 Im Konvikt wurden an vier Freitischen die durch Stipendien unterstützten ärmeren Studenten verköstigt; abends gab es – offenbar nach Art einer Kneipe – einen Bierausschank auch für diejenigen, die an anderen Tischen speisten. Zum Konvikt und seiner Entstehung grundlegend: Rodenberg/Pauls (wie Anm. 1), S. 128-136 sowie Elkar, Studieren in Kiel (wie Anm. 6), S. 37-43. Überblicksartig auch Kai Detlev Sievers, Aus der Geschichte der Kieler Universität. 4.: Studentenspeisung an der Kieler Universität vor 300 Jahren. In: Die Heimat 75 (1965), S. 83-86. Zu den Ausschreitungen im Konvikt kurz Scharff (wie Anm. 6), S. 59. Zum im Text genannten Schreiben: LASH, Abt. 47, Nr. 727, Disziplinarakten gegen Studierende. Vgl. neben dem Schreiben der vier Seniores (1667 Apr. 9) auch den diesbezüglichen Eintrag im Protokollheft des Konvikts zu April 1667. Folgende junge Männer traten als Seniores in Erscheinung: Titus Tetens (als Vertreter des ersten Tischs; zur Immatrikulation Gundlach [wie Anm. 10], S. 1, Nr. 14 [1665 Okt. 9]: »Titus Tetens Eidero-Holsatus«), Peter Cobetantz (zweiter Tisch), Abraham Müller (dritter Tisch, laut ebd., S. 2, Nr. 95 am 2. Dez. 1665 als »Abraham Muller Lubecensis« immatrikuliert) und David Jacobi (vierter Tisch, immatrikuliert am 29. Okt. 1666 als »David Jacobi Dresdensis Misnicus LL. stud.«: ebd., S. 4, Nr. 187).

15 Elkar, Studieren in Kiel (wie Anm. 6), S. 41; Rodenberg/Pauls (wie Anm. 1), S. 135. Auch Auseinandersetzungen über die Qualität der im Konvikt gereichten Speisen konnten in einen Eklat ausarten: Im Frühjahr widersprach der Student Lohmann, der eine Beschwerde vorgebracht hatte, dem Inspektor und wurde daraufhin »einen groben unbescheidenen Kerl« genannt – an die Tische erging die Aufforderung, bei weiteren Beschwerden würdigere Personen vorzuschicken. Vgl. zu den Beschwerden über die Mahlzeiten in Konvikt: LASH, Abt. 47, Nr. 727, Einträge im Protokollheft über Vorfälle im Konvikt (1668 Jan. 9 u. 28, März 2). Zur Verköstigung im Konvikt ausführlich Rodenberg/Pauls (wie Anm. 1), S. 131-134; Elkar, Studieren in Kiel (wie Anm. 6), S. 39-41. Zu Lohmanns Immatrikulation: Gundlach (wie Anm. 10), S. 1, Nr. 18 (1665 Okt. 9): »Johannes Lohman Tundera Holsatus nov.«

16 LASH, Abt. 47, Nr. 727, Schreiben der Seniores (1667 Apr. 9). Auch zu den folgenden Zitaten aus diesem Schreiben.

17 Elkar, Studieren in Kiel (wie Anm.6), S. 23; Rodenberg/Pauls (wie Anm. 1), S. 139.

18 Gundlach (wie Anm. 10), S. 3, Nr. 125 (1666 Apr. 6): »Johannes Schreiber Rensburgo Holsatus«.

19 Zu Lohmanns Immatrikulation vgl. Anm. 15.

20 Gundlach (wie Anm. 10), S. 1, Nr. 39 (1665 Okt. 10): »Heinricus Klingius Flensburgensis Holsatus«.

21 Diese waren im März 1667 verdächtigt worden, während des Gebets einen Knochen geworfen zu haben. LASH, Abt. 47, Nr. 727, Eintrag zum März 1667 im Protokollheft über Vorfälle im Konvikt. Vgl. zu den im Text folgenden Zitaten wieder das Schreiben der Seniores.

22 LASH, Abt. 47, Nr. 727, Eintrag im Protokollheft über Vorfälle im Konvikt zum April 1667.

23 Ebd., Eintrag im Protokollheft über Vorfälle im Konvikt zu 1668 Mai 29. Reiche blieb an der Kieler Universität, wovon seine Einschreibung am 12. Juni 1668 als »Joachimus Reiche Leggerensis« (Gundlach [wie Anm. 10], S. 7, Nr. 307) zeugt.

24 Zum Vorgang insgesamt LASH, Abt. 47, Nr. 727, Eintrag zu 1668 Apr. 11 im Protokollheft über Vorfälle im Konvikt. Zu Bitiskius: Gundlach (wie Anm. 10), S. 6, Nr. 258 (1667 Sept. 5): »Fridericus Bitiskius Mezericenzo Polon.« Die Namen der übrigen betroffenen Studenten und ihre Nummern im Matrikelverzeichnis finden sich in der beigefügten Tabelle (Anhang I).

25 Zu Ahrnholtz' übrigen Vergehen, auch zu denen, die in die Zeit nach seiner Rückkehr an die Universität fallen, vgl. die in Anhang I mit seiner Namensnennung überlieferten Fälle sowie die folgenden Ausführungen. Zur Einschreibung: Gundlach (wie Anm. 10), S. 2, Nr. 90 (1665 Nov. 30): »Christianus Ahrnholtz Pommeranus«.

26 Hierzu und zum Folgenden: LASH, Abt. 47, Nr. 727, Schreiben des Christian Ahrnholtz jun. (1667 Juli 28); Votum verschiedener Professoren zum Fall Ahrnholtz (1667 Apr. 2); Schreiben des Christian Ahrnholtz sen. (1667 Apr. 24); LASH, Abt. 47, Nr. 929, S. 4-6, S. 16, S. 21f., Konsistorialprotokolle (1667 Apr. 13 u. Mai 8).

27 Gundlach (wie Anm. 10), S. 2, Nr. 73 (1665 Nov. 5): »Dominicus Nagell Berg. Norwegi.«

28 LASH, Abt 47, Nr. 732, Kleinere Untersuchungsakten, Schreiben des Prodekans und der Universitätsprofessoren an Johann Nagel (1668 Febr.). Ein weiterer Verschuldungsfall stammt aus dem Februar 1667: LASH, Abt. 47, Nr. 929, S. 71f., Konsistorialprotokoll zu 1667 Febr. 5. Vermutlich aufgrund eines Fehlers wird dieser Fall bei Rodenberg/Pauls (wie Anm. 1), S. 126, Anm. 40 auf 1668 datiert (ebd., S. 125f. zu den häufigen Verschuldungsfällen). Der hier verantwortliche Student war mutmaßlich Elrodius: Gundlach (wie Anm. 10), S. 1, Nr. 29 (1665 Okt. 9): »Cosmas Elrodius Chiloniensis«.

29 Aus der Fülle dies illustrierender Beispiele seien exemplarisch die bereits bei Rodenberg/Pauls umfassend beschriebenen Ausschreitungen genannt, die im Juni 1666 zwischen der Tischburse der Frau Bürgermeisterin Müller und den Studenten Stahl und Bessel von der Tischburse Prof. Marchs auftraten. Auslöser waren auch hier u. a. Beleidigungen in Trunkenheit. Nach einem gemeinsamen Ausflug auf dem Wasser hatten die jungen Männer, darunter auch Söhne aus dem Müllerschen Haushalt, von denen einer noch nicht immatrikuliert war und somit der städtischen Gerichtsbarkeit unterstand, ausschweifend gezecht und waren in Streit geraten. LASH, Abt. 47, Nr. 929, S. 115ff., Konsistorialprotokoll (1666 Juni 30); Rodenberg/Pauls (wie Anm. 1), S. 150-152. Allgemein zum Zusammenhalt der Kieler Tischbursen und zu den Einflüssen der Mitglieder aufeinander vgl. Rodenberg/Pauls (wie Anm. 1), S. 139 und im Rückgriff darauf Scharff (wie Anm. 6), S. 58. Landsmannschaften und dementsprechend Formen des an anderen Universitäten durchaus verbreiteten Pennalismus lassen sich für Kiel dagegen nicht nachweisen. Vgl. dazu die beiden soeben genannten Belege aus der Literatur. Einen Überblick über Tischgemeinschaften im Allgemeinen, ihre Rituale und ihr Selbstverständnis bietet Elizabeth Harding, Die etwas andere Trinkstube. Tischgemeinschaften in Professorenhäusern und ihre Geltungsansprüche in den Universitätsstädten der Frühen Neuzeit. In: Kirsten Bernhardt/Barbara Krug-Richter/Ruth-E. Mohrmann (Hgg.), Gastlichkeit und Geselligkeit im akademischen Milieu in der Frühen Neuzeit, Münster u. a. 2013, S. 133-152.

30 LASH, Abt. 47, Nr. 727, Eintrag zu 1668 Okt. 21 im Protokollheft über Vorfälle im Konvikt. Zur Beliebtheit von Feuer unter Studenten vgl. das Konsistorialprotokoll von 1666 März 24 in LASH, Abt. 47, Nr. 929, S. 165 sowie dazu Rodenberg/Pauls (wie Anm. 1), S. 146, Anm. 119: Die Tischburse von Prof. Rachel hat Raketen abgefeuert.

31 Zum Verbot aller Duelle sowie zu Untersuchungen und Strafen bei den häufigen Zuwiderhandlungen vgl. Rodenberg/Pauls (wie Anm. 1), S. 143. Zum Kieler Duellverbot vgl. auch Klaus Michael Alenfelder, Akademische Gerichtsbarkeit (Nomos-Universitätsschriften: Recht / Bonner Schriften zum Wissenschaftsrecht 7), Baden-Baden 2002, S. 134 mit ausführlichen Informationen zur Praxis an anderen Universitäten (S. 129-134).

32 LASH, Abt. 47, Nr. 727, Eintrag zu 1667 Apr. 10 im Protokollheft über Vorfälle im Konvikt. Auch zum Folgenden. Zur Immatrikulation des Wohlhat(ius) vgl. Gundlach (wie Anm. 10), S. 4, Nr. 167 (1666 Aug. 5, Album universorum): »Georgius Wolhat Rendesburgensis Holsatus SS. theol. stud.« bzw. S. 465, Nr. 12255 (1665 Okt. 7, Album novitiorum): »Georgius Wolhatius Rendesburgensis.« Zu Schreibers Immatrikulation vgl. Anm. 18.

33 Vgl. die in der Tabelle (Anhang I) genannten Fälle. Zu den Sammeluntersuchungen vgl. beispielsweise das auf 1668 Okt. 9 datierte Konsistorialprotokoll in LASH, Abt. 47, Nr. 929, pag. Einlage nach S. 2, S. 2-7.

34 Vgl. den längeren Abschnitt bei Rodenberg/Pauls (wie Anm. 1), S. 141-145 u. S. 151, zum schematisierten Ablauf dort bes. S. 141. Allgemein zum Übergang »verbaler Auseinandersetzungen in Handgreiflichkeiten« mit umfassenden Literaturhinweisen Krug-Richter (wie Anm. 6), S. 83f. mit der dortigen Anm. 22.

35 Vgl. ausführlich Rodenberg/Pauls (wie Anm. 1), S. 142.
36 Vgl. beispielsweise LASH, Abt. 47, Nr. 727, Schreiben u. a. des Prorektors Caspar March an Christian Albrecht (1666 Nov. 2). Beim Üben auf dem Fechtboden hatte ein Student einen anderen mit dem Vergleich, »Er fechte als ein Baur«, beleidigt. Umgehend folgte eine gewaltsame Auseinandersetzung. In diesen Bereich des Ehrverlustes spielen auch die bereits genannten Pasquillen.
37 Rodenberg/Pauls (wie Anm. 1), S. 140.
38 Einschlägig hierfür: LASH, Abt. 47, Nr. 929, S. 14-16, Konsistorialprotokoll (1666 Mai 18). Beim Üben auf dem Fechtboden war der noch unerfahrene Ahlefeld hingefallen und von den Zuschauern ausgelacht worden. Ahlefeld ohrfeigte daraufhin Buchholtz, woraus eine Duellforderung entstand. Zu den beiden Studenten: Gundlach (wie Anm. 10), S. 3, Nr. 119 (1666 März 9): »Georgius ab Ahlefeldt nobilis Holsatus nov.« sowie S. 3, Nr. 120 (1666 März 14): »Johannes Sigismundus Ludovicus de Buchholtz nobilis Holsatus nov.«
39 Den Beweis tritt folgender Fall vom Dezember 1667 an: Bei einem Ausflug »uf dem waßer beij Neumühlen« gerieten drei Studenten in Streit, wobei Holst von Röhl mit einem Stein verletzt wurde. Dieser Vorfall ist zugleich ein Beispiel dafür, dass auch schwerere Auseinandersetzungen nicht zwangsläufig zum Duell führen mussten. Im vorliegenden Fall hat offenbar die Verletzung Holsts dafür gesorgt, dass das Ereignis zur Untersuchung kam, bevor Weiteres geschehen konnte. LASH, Abt. 47, Nr. 727, Eintrag zu 1667 Dez. 6 im Protokollheft über Vorfälle im Konvikt. Zu den beteiligten Studenten Holst, Röhl und Brammer: Gundlach (wie Anm. 10), S. 1, Nr. 20 (1665 Okt. 9): »Hinricus Holstius Chiloniensis Holst. nov.«; ebd., Nr. 34 (1665 Okt. 9): »Michaël Röhlius Wolgastensis Pomeranus«; ebd., Nr. 36 (1665 Okt. 10) oder S. 3, Nr. 134 (1666 Apr. 24): »Bartholdus Johannes Brammerus Chilonio Holsatus nov.« bzw. »Heinricus Brammeros Chilonio Holsatus nov.«.
40 Rodenberg/Pauls (wie Anm. 1), S. 143; Elkar, Studieren in Kiel (wie Anm. 6), S. 27.
41 Vgl. beispielsweise die diesbezüglichen Angaben im Konsistorialprotokoll zu 1668 Okt. 9 zu mehreren Duellen: LASH, Abt. 47, Nr. 929, pag. Einlage nach S. 2, S. 2-7. Eine Verletzung im Duell zwischen Amders und Börner rührte beispielsweise daher, dass unterschiedliche Degen (lange/kurze) verwendet worden waren.
42 Vgl. zu Buchholtz' Immatrikulation Anm. 38.

43 Ebd., S. 2, Nr. 97 (1665 Dez. 3): »C.G. Moltk Mecklenburgensis«.
44 LASH, Abt. 47, Nr. 929, S. 111 und S. 124-133, Konsistorialprotokolle (1667 März 16 u. 26).
45 Bereits knapp ein Jahr zuvor, im Mai 1666, hatte Buchholtz den fünf Tage vor ihm selbst immatrikulierten Studenten Ahlefeld gefordert. Vgl. dazu die Angaben in Anm. 38.
46 Chronicon Kiliense tragicum-curiosum 1432-1717. Die Chronik des Asmus Bremer, Bürgermeister von Kiel, hg. von Moritz Stern (Mitteilungen der Gesellschaft für Kieler Stadtgeschichte 18/19), Kiel 1916, S. 313f.
47 1666 Mai 17: LASH, Abt. 47, Nr. 929, S. 6-13 (Debatte des Konsistoriums über ein Verbot des Pistolentragens für Studenten). 1666 Juli 14: LASH, Abt. 47, Nr. 929, S. 176 (Bitte des Kieler Rats an das Konsistorium, den Studenten das Schießen zu verbieten. Das Konsistorium erklärte, zuerst solle die Stadt dies den Bürgern untersagen). 1667 Nov. 16: LASH, Abt. 47, Nr. 929, S. 15f.: Bericht über den Theologiestudenten Friedeborn, der sich zwei Pistolen von seiner Bude ins theologische Kolleg hatte bringen lassen. Ob ein Duell geführt werden sollte, geht aus den Aufzeichnungen nicht hervor. Die Pistolen wurden konfisziert.
48 LASH, Abt. 400.5, Von der Universitätsbibliothek Kiel übernommene Handschriften, Nr. 293, S. 909f., Bericht der Stadt über Lesgewangs Vergehen (1668 Mai), vgl. das dortige Zitat auf S. 910. Zu Lesgewangs anderen Delikten, insbesondere zu mehreren gewaltsamen Auseinandersetzungen mit Stadtbürgern vgl. den Eintrag in der beigefügten Tabelle (Anhang I) zu 1668 März und Mai. Zu Lesgewangs Immatrikulation: Gundlach (wie Anm. 10), S. 6, Nr. 280 (1667 Dez. 14): »Dietericus Johannes a Lesgewang n. Boruss.«
49 Rodenberg/Pauls (wie Anm. 1), S. 142. Vgl. zur häufigen Nennung Düsternbrooks als Austragungsort von Duellen beispielsweise das Konsistorialprotokoll von 1668 Okt. 9: LASH, Abt. 47, Nr. 929, pag. Einlage nach S. 2, S. 2-7.
50 Der Universitätsbarbier wurde, wie aus seiner Beschwerde vom Oktober 1668 hervorgeht, nicht gefragt, damit das Konsistorium nichts von den verbotenerweise ausgetragenen Duellen erfuhr. Rodenberg/Pauls (wie Anm. 1), S. 142f. Ein Duell, bei dem gleich zwei Barbiergesellen zur möglichen Wundversorgung anwesend waren, war der Zweikampf zwischen Claudius und Wiehe, der am 9. Oktober 1668 vom Konsistorium untersucht wurde: LASH, Abt. 47, Nr. 929, pag. Einlage nach S. 2, S. 2-7. Zu den

beiden Duellanten Claudius und Wiehe: Gundlach (wie Anm. 10), S. 6, Nr. 293 (1668 Apr. 4): »Johannes Claudius Tund. Hols.« bzw. ebd., S. 6, Nr. 277 (1667 Dez. 5): »Henricus Wiehe e ducatu Scleswicensis Husumensis«.

51 Vgl. die Namensnennungen in der Tabelle (Anhang I) zu den Daten des 7. bzw. 9. Oktobers 1668 sowie LASH, Abt. 47, Nr. 929, pag. Einlage nach S. 2, S. 2-7. Diese Hypothese stützt die Aussage bei Rodenberg/Pauls (wie Anm. 1), S. 160, wo ebenfalls eine recht kleine Gruppe auffälliger Studenten angenommen wird. Ob die Gruppenstärke wirklich mit zehn bis 20 Personen beziffert werden kann, soll am Ende des vorliegenden Beitrags diskutiert werden.

52 Die in diese Gruppe einzuordnenden Vorfälle sind in der Tabelle (Anhang I) grau unterlegt. Einen ersten Überblick liefert Rodenberg/Pauls (wie Anm. 1), S. 146-154 mit ausführlicher Beschreibung zweier Fälle, die im Verlauf der obigen Ausführungen somit nur kurz genannt werden sollen.

53 LASH, Abt. 47, Nr. 929, S. 205f., Konsistorialprotokoll (1666 Aug. 3); zu den Lindenbäumen auch Rodenberg/Pauls (wie Anm. 1), S. 146.

54 Gundlach (wie Anm. 10), S. 5, Nr. 219 (1667 Mai 16): »Johannes Rudolphus a Koppy«.

55 Ebd., S. 1, Nr. 27 (1665 Okt. 9): »Andreas Amders Tundera Holsatus«. Amders war daneben in viele andere Vorfälle, zumeist Duelle, verwickelt. Vgl. hierzu die Nennung seines Namens in der beigefügten Tabelle über die Vorfälle der Jahre 1665-1668 (Anhang I).

56 Dieses Delikt ist Teil einer ganzen Serie von Taten, die Koppy und Amders an mehreren aufeinanderfolgenden Tagen und im Zuge mehrerer Ausbrüche aus dem Stubenarrest und dem Karzer verübten. Die vollständige Überlieferung findet sich zumeist in den Konsistorialprotokollen ab 1667 Juli 25: LASH, Abt. 47, Nr. 929, S. 48-58, folgende unpag. Einlage, S. 60-62 (dort auf S. 61 Vermerk über Beschädigung des Kaks), S. 65f., S. 72, S. 88-90 (Straferlass, 80 Taler dem Konsistorium von Koppys Vater angeboten). Ferner LASH, Abt. 47, Nr. 643, Relegationen und consilia abeundi, undatierter Bericht über die Vorfälle.

57 Rodenberg/Pauls (wie Anm. 1), S. 146f.

58 LASH, Abt. 47, Nr. 745, Untersuchung wegen einiger nächtlicher Tumulte, Aufzeichnungen zur Untersuchung der Auseinandersetzung vom Mai 1668, vgl. insbes. das Schreiben der vier betroffenen Studenten (die Namen der Studenten können der beigefügten Tabelle in Anhang I entnommen werden).

59 Vgl. zum Vorfall: LASH, Abt. 47, Nr. 727, Beschwerdeschreiben Gabæos an den Bürgermeister und den Rat (wohl 1668 Juni 8); Rechtfertigungsschreiben Gryphianders und Röhls von 1668 Juni 15; weiteres Beschwerdeschreiben Gabæos (wohl 1668 Juni 22). Auch zum Folgenden. Zu den Studenten Gryphiander und Röhl, die auch bei anderen Fällen in Erscheinung traten, vgl. Gundlach (wie Anm. 10), S. 6, Nr. 289 (1668 März 10): »Henricus Gryphiander Oldenburgensis« sowie Anm. 39 (Röhl).

60 Gundlach (wie Anm. 10), S. 3, Nr. 156 (1666 Juni 13): »Conradus Creißbach Dithmarsus«.

61 LASH, Abt. 47, Nr. 727, Schreiben an das Konsistorium von 1668 Mai 5.

62 Ebd., Schreiben der Bürger Eckhardt und Fincke vom Mai 1668. Zur Auseinandersetzung der Bürger- und Studentengruppe: LASH, Abt. 47, Nr. 745, Unterlagen zur Untersuchung der Auseinandersetzung vom Mai 1668, vgl. insbes. das hierin enthaltene Schreiben vierer Studenten.

63 LASH, Abt. 47, Nr. 929, S. 45f., Konsistorialprotokoll (1668 Juli 18).

64 LASH, Abt. 47, Nr. 929, S. 205f., Konsistorialprotokoll (1666 Aug. 3); S. 34f., Konsistorialprotokoll (1666 Okt. 31).

65 LASH, Abt. 47, Nr. 727, Schreiben des Bürgers Johann Suwen an den Bürgermeister und den Rat der Stadt (1668 Juni 30); LASH, Abt. 47, Nr. 929, S. 43f., Konsistorialprotokoll (1668 Juli 15). Lesgewang war bereits durch seine Beteiligung an unterschiedlichen anderen Vergehen aufgefallen. Vgl. die Hinweise in Anm. 48 des vorliegenden Beitrags (dort auch zu Lesgewangs Immatrikulation) und die Einträge in Anhang I.

66 LASH, Abt. 47, Nr. 729, Untersuchungen gegen Studenten, undatierter Fragenkatalog zur Untersuchung, Protokoll der Befragung von Petrus Dalichius und Carl Hoyer, Protokoll der Befragung von Johannes Witte, Christophorus und Petrus Dalichius, Carl Hoyer (1668 Juli 24). Zu den befragten Studenten Gundlach (wie Anm. 10), S. 6, Nr. 290f. (beide 1668 März 13: »Christophorus Dalichius Holsatus nov.« bzw. dessen Bruder »Petrus Dalichius Holsatus nov.«); S. 7, Nr. 311 (1668 Juli 2: »Carolus Höjerus Tund. Holst.«). Zu Hoyer ist ein weiterer Eintrag aus dem Album novitiorum überliefert: Ebd., S. 468, Nr. 12362 (1668 Apr. 9, »Carolus Hojerus Tund Holst. ddt. 2 marc. Lub.«). Zu Witte möglicherweise ebd., S. 8, Nr. 381 (1669 Juni 26: »M. Johannes Witte Sandoa Sax.«).

67 Im März 1666 kam ein solcher Vorfall zur Untersuchung vor das Konsistorium. Die bei Prof. Rachel an die Tischburse aufgenommenen Studenten hatten offenbar »renquetten« abgefeuert. LASH, Abt. 47, Nr. 929, S. 165, Konsistorialprotokoll (1666 März 24). Ferner zu diesem Fall und zum Spiel mit offenem Feuer Anm. 30 des vorliegenden Aufsatzes.
68 Zu den polizeilichen Ordnungsorganen in Kiel nach der Universitätsgründung und deren Defiziten vgl. Rodenberg/Pauls (wie Anm. 1), S. 149. Im konkreten Fall zeigt das zugehörige Untersuchungsprotokoll vom 30. Januar 1667, dass mehrere Studenten offenbar nachts auf der Straße Musik gespielt und gelärmt sowie im Anschluss einen bewaffneten Streit mit hinzugekommenen Wächtern begonnen hatten. LASH, Abt. 47, Nr. 929, S. 66-68, Konsistorialprotokoll (1667 Jan. 30). Die Namen der an diesem Vorfall beteiligten Studenten und weitere Fälle nächtlicher Ruhestörung lassen sich der beigefügten Tabelle in Anhang I entnehmen.
69 Rodenberg/Pauls (wie Anm. 1), S. 148.
70 Vgl. beispielsweise LASH, Abt. 47, Nr. 929, S.112-114, S.123f., Konsistorialprotokoll (1667 März 19). Mehrere Studenten hatten betrunken gelärmt und Gläser zerschlagen. Als Bürger dazukamen, entwickelte sich eine unter Verwendung der Degen geführte Auseinandersetzung, in deren Verlauf ein Schneider verletzt wurde. Anwesend war auch der Universitätsrittmeister.
71 LASH, Abt. 47, Nr. 929, S. 132f., Konsistorialprotokoll (1667 Apr. 1).
72 Mit einem Schneider namens Paul Klage gerieten auch die schon im Zuge der Beschädigung des Kaks genannten Studenten Koppy und Amders in Konflikt. Nach einer Auseinandersetzung, in deren Verlauf beinahe Degen benutzt wurden, warfen die Studenten eine von Klages Fensterscheiben ein, woraufhin er einen Topf mit heißem Wasser auf die Straße goss, die beiden jedoch verfehlte. Vgl. zu Koppys und Amders' gemeinschaftlich begangenen übrigen Vergehen Anm. 56.
73 LASH, Abt. 47, Nr. 729, Protokolle der Vernehmungen eines Bürgers und mehrerer Studenten (1668 Juli 3).
74 Vgl. zu diesem Fall die umfangreichen Angaben in der Tabelle in Anhang I. Auch zum Folgenden.
75 Insgesamt zu diesem Thema Rodenberg/Pauls (wie Anm. 1), S. 147.
76 LASH, Abt. 400.5, Nr. 293, S. 907f., Schreiben des Kieler Bürgermeisters und Rats an Kielmann (1668 Juli 8).

77 Gundlach (wie Anm. 10), S. 7, Nr. 317 (1668 Aug. 17): »Wilhelmus Henricus de Reibnitz Salfeldia Borussus«.
78 Im Matrikelverzeichnis (ebd.) lässt sich, wie auch im Falle einiger anderer Studenten, diesem Namen keine Person zuordnen.
79 LASH, Abt. 47, Nr. 727, bei Untersuchung des Vorfalls abgefasstes Frageprotokoll (1668 Dez. 23), erhalten sind der Fragekatalog und die Antworten des Studenten Oldrogg, der erklärte, alle geschilderten Vorfälle seien wahr. Zu Oldrogg vgl. Gundlach (wie Anm. 10), S. 7, Nr. 308 (1668 Juni 17): »Johannes Oldrogg Kiloniensis«.
80 LASH, Abt. 47, Nr. 929, S. 82, Konsistorialprotokoll (1668 März 4).
81 Rodenberg/Pauls (wie Anm. 1), S. 154-159, auch zum Folgenden. Zur akademischen Gerichtsbarkeit in Kiel daneben auch Scharff (wie Anm. 6), S. 54 u. S. 56f. Allgemein und unter umfassender Berücksichtigung von Beispielen aus der gesamten deutschen Universitätslandschaft: Alenfelder (wie Anm. 31), S. 170-175 sowie S. 175-180 zu den fast flächendeckend milden Urteilen, die an Universitäten gefällt wurden.
82 Vgl. die Rechenbeispiele bei Elkar, Studieren in Kiel (wie Anm. 6), S. 27. Außerdem Scharff (wie Anm. 6), S. 56f. und Rodenberg/Pauls (wie Anm. 1), S. 157f. zur Tatsache, dass die Professoren selbst einen Teil der mit Geldstrafen eingenommenen Beträge erhielten.
83 Rodenberg/Pauls (wie Anm. 1), S. 157. Vgl. zum Folgenden dort S. 154-159. Zum Fall einer Pfändung vgl. Anm. 26 und den zugehörigen Abschnitt im Text des vorliegenden Beitrags.
84 Zum oft schwierig zu definierenden Unterschied zwischen Consilium abeundi und Relegation, in deren beider Verlauf der Betroffene die Universitätsstadt verlassen musste, vgl. den Abschnitt über akademische Strafen bei Alenfelder (wie Anm. 31), S. 170-175.
85 Zur Verhängung der Relegation gegen die beiden Studenten Koppy und Amders vgl. in der Fülle überlieferter Konsistorialprotokolle ab 1667 Juli 25 die S. 69 in LASH, Abt. 47, Nr. 929. Insgesamt zu den Taten der beiden Studenten: Tabelle in Anhang I und Anm. 56 des vorliegenden Beitrags.
86 Vgl. zur umfassenden Überlieferung dieser Vorgänge die Konsistorialprotokolle vom März 1667: LASH, Abt. 47, Nr. 929, S. 111 und S. 124-133.
87 Als eindrucksvolles Beispiel für die Bedeutung der Beziehungen zum Hof kann ohne

Zweifel der auch schon bei Rodenberg/Pauls (wie Anm. 1), S. 158 angeführte Fall der Studenten Sennertus, Ahrnholtz und Bernhard Müller zitiert werden: Die beiden Erstgenannten erreichten mit Hilfe ihrer Beziehungen zum Herzog ihre Begnadigung nach nur rund zwei Wochen, während Bernhard Müller, der Sohn des Bürgermeisters, ohne solche Verbindungen zunächst relegiert blieb. In seinem Fall waren es die Bitten seiner Mutter, die die Strafe schließlich – aber erst mehrere Monate später – zur Aufhebung brachten. Vgl. zu den diesen Strafen vorangegangenen Vergehen Anm. 29 dieses Beitrags.

88 LASH, Abt. 400.5, Nr. 294, S. 283-286 (1668 Juni 26). Bereits vor Abschluss der Untersuchung verfügte der Herzog, Korthaus als alleinigen Schuldigen zu betrachten, seine Leiche zu exhumieren und auf das Rad zu flechten. Den Bürgern der Stadt Kiel sollte es untersagt werden, Studenten zu provozieren.

89 So die Einschätzung in Rodenberg/Pauls (wie Anm. 1), S. 156. Außerdem Alenfelder (wie Anm. 31), S. 179.

90 LASH, Abt. 47, Nr. 728, Einzelne Gerichts- und Verwaltungsakten, Schreiben des Herzogs an die Universitätsleitung von 1668 Jan. 24, Febr. 21, März 2, März 16, Apr. 6.

91 LASH, Abt. 47, Nr. 728, Schreiben des Herzogs an die Universitätsleitung von 1668 Apr. 6.

92 Jessen (wie Anm. 2), S. 26.

93 Gundlach (wie Anm. 10), S. 1-7.

94 Füssel (wie Anm. 6), hier S. 166.

95 Diese Abgeschlossenheit demonstrierten Aufnahmeriten wie beispielsweise die Deposition: Rodenberg/Pauls (wie Anm. 1), S. 122-124; Elkar, Studieren in Kiel (wie Anm. 6), S. 20f.

96 Rodenberg/Pauls (wie Anm. 1), S. 160.

97 Vgl. das in Anm. 56 dieses Beitrags genannte Angebot von Koppys Vater, der Universität für die Rücknahme der Relegationsstrafe gegen seinen Sohn 80 Taler zu zahlen.

98 Vgl. hierzu die Liste der auffällig gewordenen Studenten in Anhang II. Zur Herkunft der im ersten Semester der Christiana Albertina immatrikulierten 140 Studenten vgl. Elkar, Akademische Bürger (wie Anm. 6), S. 57f.: 54 Prozent der Studenten stammten aus den Herzogtümern. Der Anteil der aus norddeutschen Gegenden kommenden jungen Männer lag bei 80 Prozent.

99 Zu Parallelen zwischen Handwerkern und Studenten und ihrem jeweiligen, in Konfliktsituationen durchaus ähnlichen Verhalten als Mitglieder einer sozialen Gruppe vgl. Krug-Richter (wie Anm. 6), S. 89f.

100 Als solche bezeichnet Füssel beispielsweise die im vorliegenden Beitrag auch für die Kieler Studenten herausgearbeiteten Attribute »ständiges Bewaffnetsein, ›Nachtschwärmerei‹, der häufige Besuch von besonders konfliktträchtigen Orten und der drohende Gesichtsverlust innerhalb der eigenen Gruppe im Falle zurückhaltenden Verhaltens«: Füssel (wie Anm. 6), S. 164. Zur Komplexität und schwierigen Abgrenzbarkeit der studentischen Gewalt (und Devianz) vgl. ebd., S. 166. Dass in anderen Städten ähnliche Delikte auftraten, belegen die am Ende von Anm. 6 genannten Beiträge.

Anhang I
Studentische Vergehen in Kiel in den Jahren 1665 bis 1668

Datum	Ereignis	beteiligte Stud. (Nr. n. Gundlach [wie Anm. 10])	Nachweis
1665 Dez. 5	Konsistorialprotokoll (im Folgenden: Konsist.prot.) über Untersuchung studentischer Ausschreitungen bei der Heirat von Prof. Sperlings Tochter (Nov. 1665): Streit der Studenten Nasser und Stahl im Tanzsaal um eine Frau, dann Angriff Nassers auf Stahl mit einem Degen. Nach Trennung der beiden Studenten durch andere Verabredung eines Duells für den kommenden Tag. Auf Einlenken Nassers kein Duell, aber dennoch Strafen (Geldstrafen), da die Auseinandersetzung den festlichen Rahmen gestört hat und in Missachtung des herzoglichen Legaten geschehen ist.	Nasser (40), Stahl (58)	LASH, Abt. 47, Nr. 929, S. 72-78; dazu Rodenberg/Pauls (wie Anm. 1, im Folgenden R/P
1666	Bewaffnete Streitigkeiten zwischen den Studenten Boyen (Boy?), Hennings und A. Müller, daraufhin Duellforderung C.H. Müllers und Arenseligs im Namen Hennigs an Boyen und Otterstett. Überliefert im Fragenkatalog zur Untersuchung.	Boyen/Boy (?, 30), Hennings (65), A. Müller (143), C.H. Müller, Arenselig, Ahrnholtz (90), Otterstett (117)	LASH, Abt. 47, Nr. 727.
1666 März 24	Bericht über Abschießen von »renquetten« (Raketen) durch die Tischburse Prof. Rachels.		LASH, Abt. 47, Nr. 929, S. 165; R/P, S. 146, Anm. 119.
1666 Mai 17	Konsist.prot. zur Debatte über Verbot des Pistolentragens für Studenten. Grund: Müller hatte einen »puster bey sich«.	A. Müller (143)	LASH, Abt. 47, Nr. 929, S. 6-13; R/P, S. 148.
1666 Mai 18	Konsist.prot. zur Untersuchung einer Auseinandersetzung zwischen Ahlefeld und Buchholtz: Beim Fechten auf dem Fechtboden war der neu immatrikulierte Ahlefeld hingefallen, worauf die Zuschauer ihn auslachten. Ahlefeld ohrfeigte Buchholtz, der ihn durch Nagel zum Duell forderte. Anstelle Ahlefelds wollte dessen Hofmeister das Duell führen. Da sich die Gegner aber zum Duelltermin verfehlten, mussten sie vor das Konsistorium kommen und sich vertragen.	Ahlefeld (119), Buchholtz (120), Nagel (73)	LASH, Abt. 47, Nr. 929, S. 14-16; R/P, S. 141f.
1666 Mai 18	Konsist.prot. über Untersuchung eines geplanten Duells zwischen Engel und Rachel.	Engel (74), Rachel (2)	LASH, Abt. 47, Nr. 929, S. 16-22.
1666 Mai 23	Konsist.prot. mit Bericht über einen Studenten namens Meier, der seinen Diener misshandelt hat. Die Mutter des Dieners hat sich um dessen ärztliche Behandlung gekümmert, für die Meier die Kosten übernehmen will.	Meier (evtl. 6?)	LASH, Abt. 47, Nr. 929, S. 23; dazu R/P, S. 127, Anm. 47.
1666 (wahrscheinlich zwischen Mai und September)	Streitigkeiten zwischen den Studenten (?) und Stubengesellen Dietrich Carstens und Jacobi. Letzterer hatte für Carstens Bücher zum Rektor Mauritius getragen, aber einige Tage später Carstens öffentlich diffamiert, indem er behauptete, dieser hätte die Bücher noch. Überlieferung: mehrere Schreiben des Dietrich Carstens, Katalog zu seiner Befragung.	Dietrich Carstens, Jacobi (187?, erst im Oktober eingeschrieben)	LASH, Abt. 47, Nr. 735.
1666 Juni 30	Konsist.prot.: Ausschreitungen der Tischburse der Frau Bürgermeister Müller und der Studenten Stahl und Bessel (Tischburse Prof. March). Auslöser: Beleidigungen in Trunkenheit, Eskalation trotz Schlichtungsbemühungen. Verhandlung der Angelegenheit durch Universität und Stadt, da ein jüngerer Sohn der Frau Bürgermeisterin mitgemischt hatte, aber noch nicht eingeschrieben war und der städtischen Gerichtsbarkeit unterstand. Strafen: Karzer (abgelöst durch Geldzahlungen), Relegation (aber vergleichsweise rasche Begnadigung durch den Herzog, bei Sennertus und Ahrnholtz wegen ihrer Beziehungen sehr schnell).	Stahl (58), Bessel (Beselin?: 57), B. Müller (21), Sennertus (86), Ahrnholtz (90)	LASH, Abt. 47, Nr. 929, S. 115ff.; umfassend R/P, S. 150-152.
1666 Juli 6	Konsist.prot. mit Bericht darüber, dass Relegierte die Stadt nicht verlassen.		LASH, Abt. 47, Nr. 929, S. 163f.; R/P, S. 155.
1666 Juli 14	Bitte des Rats der Stadt Kiel an das Konsistorium, den Studenten das Schießen zu verbieten. Konsistorium: Dies werde geschehen, wenn auch die Stadt dies den Bürgern untersage.		LASH, Abt. 47, Nr. 929, S. 176; R/P, S. 148.
1666 Juli 30	Konsist.prot.: Untersuchung gegen einen Studenten namens Teuckler, der eine zur Universität gehörende Frau beschimpft und geschlagen haben soll.	Teuckler	LASH, Abt. 47, Nr. 929, S. 188-190; R/P, S.137, Anm. 87.

Anhang I
Studentische Vergehen in Kiel in den Jahren 1665 bis 1668

Datum	Ereignis	beteiligte Stud. (Nr. n. Gundlach)	Nachweis
1666 Aug. 1	Konsist.prot.: Untersuchung und Verweis gegen den Pedellen, weil er zu viele Personen zum Besuch eines im Karzer inhaftierten Studenten eingelassen hatte.		LASH, Abt. 47, Nr. 929, S. 194; R/P, S. 155.
1666 Aug. 1	Konsist.prot. mit Bericht über die Verwundung eines Studenten im Konvikt durch jemanden, der nicht der akademischen Gerichtsbarkeit unterstand.	»Behsel«, evtl. Beselin (57)	LASH, Abt. 47, Nr. 929, S. 192; R/P, S.134, Anm. 71.
1666 Aug. 3	Konsist.prot.: Beschädigung u.a. von Bürgerhäusern, Lindenbäume in der Holstenstraße angeschnitten.		LASH, Abt. 47, Nr. 929, S. 205f.; R/P, S. 146.
1666 Okt. 9 u. 15	Konsist.prot. (1666 Okt. 9) u. Schreiben des Prorektors Caspar March an den Herzog (1666 Okt. 15) über Delikte des Studenten Engelschall: Beschimpfung und Bedrohung zweier Studenten mit gezogenem Degen; Wiederholung des Delikts an zwei anderen Studenten, die sich in ein Haus zurückziehen mussten; Hausfriedensbruch an ebenjenem Haus; Unruhestiftung mit dem Studenten Hey, als beide »Vom Tanzsaal kommend einige Frauenzimmer nach hause begleiten wolln«; Duell mit dem Studenten Sennertus. Vorgeschlagene Strafe: zwei-/dreijährige Relegation.	Engelschall (157), Hey (17), Sennertus (86)	LASH, Abt. 47, Nr. 727 (Schreiben des Prorektors March); Nr. 929, S. 1-3 (Konsist.prot.).
1666 Okt. 31	Konsist.prot. über verschiedene Untersuchungen und Debatten, darunter Angriff von Studenten auf das Haus eines Bürgers.		LASH, Abt. 47, Nr. 929, S. 34f.; dazu R/P, S. 146.
1666 Nov. 2	Schreiben u.a. des Prorektors Caspar March an den Herzog mit Bericht über Streit zwischen zwei Studenten (Okt. 1666): Während einer Übung auf dem Fechtboden hat ein Student einen anderen mit den Worten, »Er fechte als ein baur«, beleidigt. Dies ist in eine bewaffnete Streiterei ausgeartet.	Sveco, Veimar Albrecht	LASH, Abt. 47, Nr. 727.
1666 Nov. 7	Befragung Röhls, weil er mit dem Degen nach einem anderen Studenten geschlagen haben soll.	Röhl (34)	LASH, Abt. 47, Nr. 929, S. 42; R/P, S. 147.
1666 Spätherbst	Schreiben eines Rittmeisters: Der Student Möller hatte sich bei ihm für einen Ritt nach Schleswig ein Pferd ausgeliehen, es aber nicht unversehrt zurückgebracht. Der Rittmeister hatte verlangt, dass der Student das Pferd übernehmen und dafür eine Entschädigung zahlen solle, von der aber bis zum 9. November 1666 nur eine Anzahlung eingetroffen war.	Möller (108)	LASH, Abt. 47, Nr. 735.
1667 Jan. 30	Konsist.prot. mit Bericht über nächtliche Ruhestörung auf der Straße (Musik), dabei bewaffnete Auseinandersetzung mit Nachtwächtern.	Brüder Clemens (53, 55), Hinrich Schmidt von Plön, Röpstorp, Sennertus (86), Flaninckhofen	LASH, Abt. 47, Nr. 929, S. 66-68; R/P, S. 150, Anm. 149.
1667 Febr. 5	Konsist.prot. mit Bericht über Verschuldung eines Studenten. (bei R/P, S. 126, Anm. 40 auf 1668 datiert, für weitere Verschuldungsfälle vgl. ebd.)	Elrodius (29)	LASH, Abt. 47, Nr. 929, S. 71f.
1667 Febr. 23	Konsist.prot. über nächtliche Ruhestörung durch Studenten auf der Straße.		LASH, Abt. 47, Nr. 929, S. 96; R/P, S. 149.
1667 März	Eintrag im Protokollheft über Vorfälle im Konvikt: Titus Tetens, Senior der 1. Mensa, hat sich über das Werfen eines Knochens beim Gebet beschwert. Tetens hat Lohmann und Kling verdächtigt, der Täter konnte aber nicht ermittelt werden.	Tetens (Beschwerdeführer, 14), Lohmann (18), Kling (39)	LASH, Abt. 47, Nr. 727.
1667 März 14/15	Befragung des Johannes Brauwer, »was zwischen ihm und einem andern Studioso fürgegangen, darüber sie zum Duell hätten schreiten wolln«. Brauwer, der mit anderen Studenten »einen trunk Hamburger Bier« tun wollte, berichtete von einem schnell beigelegten Streit zwischen Brammer und Keenens. Keenens erklärte, eine Duellforderung habe es nicht gegeben.	Brauwer (61), Brammer (36/134?), Keenens (102), Clemens (53), Clemens (55), Fischer (113, 189 oder 204), von Sanden	LASH, Abt. 47, Nr. 929, S. 111; R/P, S. 134, Anm. 72.

Anhang I
Studentische Vergehen in Kiel in den Jahren 1665 bis 1668

Datum	Ereignis	beteiligte Stud. (Nr. n. Gundlach)	Nachweis
1667 März 16 u. 26	Konsist.prot.: Kugelwechsel der Studenten Buchholtz und Moltke, daraufhin Verordnung Herzog Christian Albrechts gegen Duelle. Vorgeschichte: Buchholtz hatte sich eines Abends betrunken übergeben, Moltke hatte dies publik gemacht und war von Buchholtz zur Rede gestellt worden. Daraufhin Beleidigung des Buchholtz durch Moltke und Duellforderung Buchholtz' an Moltke. Letzterer wählte den Kugelwechsel. Folgen: Arrest und Geldstrafen für beide, daraufhin Eingreifen der Väter.	Buchholtz (120), Moltke (97)	LASH, Abt. 47, Nr. 929, S. 111 u. S. 124-133; dazu R/P, S. 144f.
1667 März 19	Konsist.prot. über Untersuchung gegen Studenten, die betrunken Gläser zerschlagen und eine gewaltsame Auseinandersetzung (Degen) mit dazugekommenen Bürgern gehabt haben. Beteiligung des Universitätsrittmeisters. Gülich hat offenbar einen Schneider mit einem Degen verletzt. Der Universitätsrittmeister hat daraufhin von Hey gefordert, ein Duell mit dem Schneider auszutragen; vom Studenten abgelehnt, Begründung: dabei könne wenig Ehre erworben werden.	u.a. Gülich (192, 486), Hey (17)	LASH, Abt. 47, Nr. 929, S. 112-114, S. 123f.; R/P, S. 146, S. 148.
1667 März 31	Konsist.prot. über Untersuchung zweier Duelle, jeweils zwischen Lesgewang und Friedborn sowie zwischen Lesgewang und Müller.	Lesgewang (280), Friedborn (250), Müller, außerdem anwesend: Rantzau (mehrere Möglichkeiten), Romberg (199), Freuchen (231)	LASH, Abt. 47, Nr. 929, Einlage zwischen S. 130 u. S. 131.
1667 Apr.	Größere Beschwerdesache über Verhalten von Studenten aller vier Mensen im Konvikt: Trunkenheit, Spott statt Hingabe während des Gebets, Ziehen der Degen, Werfen von Knochen. Überlieferung: Protokollheft über Vorfälle im Konvikt (1667 März), Schreiben der Seniores der vier Mensen (1667 Apr. 9).	Seniores: Tetens (14), Cobetantz, Abr. Müller (95), Jacobi (187)	LASH, Abt. 47, Nr. 727.
1667 Apr. 1	Konsist.prot. über Untersuchung von Streitigkeiten zwischen Studenten und Bürgern in mehreren aufeinanderfolgenden Nächten.		LASH, Abt. 47, Nr. 929, S. 132f.
1667 Apr. 3	Konsist.prot. mit Bericht über nächtliche Ruhestörung von Studenten auf der Straße und Eingreifen eines städtischen Wächters.	Siegebrand, Danckwerth (153, 12253); Beer (evtl. de Bähr: 141 o. 142)	LASH, Abt. 47, Nr. 929, S. 3f.; R/P, S. 149.
1667 Apr. 10 u. 27	Eintrag im Protokollheft über Vorfälle im Konvikt (1667 Apr. 10) und Konsist.prot. (1667 Apr. 27): Schreiber ist betrunken ins Konvikt gekommen, hat eine Streiterei begonnen, den Studenten Wolhat beleidigt und sich anschließend duelliert. Schreiber ist deshalb »gantz excludiret worden«, dies ist am 27. Apr. 1667 in Karzerhaft umgewandelt und Schreiber wieder aufgenommen worden.	Schreiber (125), Wolhat(ius) (167, 12255)	LASH, Abt. 47, Nr. 727 (Protokollheft); LASH, Abt. 47, Nr. 929, S. 15f. (Konsist.prot.).
1667 Apr. 13	Konsist.prot. über Verfahren mit Ahrnholtz, der sich nicht an die ihm auferlegten Arreststrafen gehalten hat: Sein Vater soll informiert werden. / Diskussion über Relegation: Gaarden ist als Aufenthaltsort für Relegierte nicht erlaubt, da zu nah an der Universität. / Untersuchung von Händeln Amders' und Lohmanns.	Ahrnholtz (90), Amders (27), Lohmann (18)	LASH, Abt. 47, Nr. 929, S. 4-6, S. 16; R/P, S. 155, Anm. 160.
1667 ab Apr.	Abreise des Studenten Ahrnholtz aus Kiel vor Begleichung seiner Schulden, Drohung der Gläubiger mit Arrest, schließlich Pfändung seiner in Kiel zurückgelassenen Eigentümer. Am 8. Mai wird beschlossen, Ahrnholtz vorzuladen und über seine weitere Zukunft an der Universität zu entscheiden.	Ahrnholtz (90)	LASH, Abt. 47, Nr. 727, Schreiben Ahrnholtz jun. (1667 Juli 28); Votum versch. Professoren (Prokanzler, Mauritius, Wasmuth) zum Verfahren (1667 Apr. 2); Schreiben Ahrnholtz sen. (1667 Apr. 24); LASH, Abt. 47, Nr. 929, S. 21f., Konsist.prot (1667 Mai 8).

Anhang I
Studentische Vergehen in Kiel in den Jahren 1665 bis 1668

Datum	Ereignis	beteiligte Stud. (Nr. n. Gundlach)	Nachweis
1667 Mai 15/18	Konsist.prot. zu Diskussionen über Strafen für Moltke, Stahl und Sennertus wegen verschiedener Vergehen.	Moltke (97), Stahl (58), Sennertus (86)	LASH, Abt. 47, Nr. 929, S. 24-26, S. 28-31.
1667 Juli 12/13	Konsist.prot.: Auseinandersetzungen der Studenten Ackermann und Amders mit dem Tanzmeister, beide Studenten sind in Trunkenheit ausfällig und gewalttätig geworden. Arreststrafe mindestens für Ackermann.	Ackermann (4), Amders (27)	LASH, Abt. 47, Nr. 929, S. 44-48.
ab 1667 Juli 25 u. a.	Diverse Untersuchungsprotokolle und Schreiben zu Vergehen der Studenten Koppy und Amders: Streit der Studenten mit dem Schneider Paul Klage, beinahe Kampf mit Degen, Fensterscheibe bei Klage eingeworfen, Klage: Topf mit heißem Wasser aus dem Fenster geschüttet, aber die beiden nicht getroffen. Verhängter Stubenarrest für weitere Vergehen gebrochen: Beschädigung des Kaks. Die Universitätsleitung bat daraufhin den Bürgermeister um Entsendung von acht bewaffneten Bürgern, die schließlich die beiden Studenten in den Karzer brachten. Anschließend Ausbruch der beiden aus dem Karzer, nächtliche Ruhestörung in der Stadt, im Laufe der Untersuchung am folgenden Tag wiederum Flucht der beiden und Reise nach Schleswig, daraufhin Relegation auf acht (Amders) bzw. sechs Jahre (Koppy). Allerdings: Beziehungen der beiden Studenten zum herzoglichen Hof haben zu schneller Umwandlung der Relegationsstrafen in Geldstrafen geführt.	Koppy (219), Amders (27)	LASH, Abt. 47, Nr. 732, auf Juli 1667 datierter Entwurf eines Schreibens des Konsistoriums an den Herzog; LASH, Abt. 47, Nr. 929, S. 48-58, folgende unpag. Einlage, S. 59-72 (Relegation auf S. 69), S. 85f., S. 88-91 (Straferlass, 80 Taler von Koppys Vater dem Konsistorium angeboten), S. 94f.; LASH, Abt. 47, Nr. 643, undatierter Bericht über Vorfälle; R/P, S. 146f., 153f. u. 158f.
1667 Aug. 3	Konsist.prot. zur Beschwerde des Ökonomen über Beträge, die Engelschall ihm schuldig geblieben ist.	Engelschall (157)	LASH, Abt. 47, Nr. 929, S. 74f.
1667 Aug. 24	Konsist.prot. über den Fall der Verschuldung eines Studenten aus Armut (2 Taler), der Betrag wird von der Universität übernommen.		LASH, Abt. 47, Nr. 929, S. 81.
1667 Aug. 26	Konsist.prot.: Geldforderungen der Frau Müller an Moltke, Ahrnholtz und Engelschall.	Moltke (97), Ahrnholtz (90), Engelschall (157)	LASH, Abt. 47, Nr. 929, S. 84f.
1667 Sept. 20/21/24 u. a.	Untersuchungsprotokolle über Duelle mehrerer Studenten, Grund: Beleidigungen, maßgeblich beteiligt: Danckwert, B. Müller, Freuchen, Lindholtz; Danckwerts private Relegation ist im Nachhinein in eine Karzerstrafe umgewandelt worden. Ebenfalls relegiert: B. Müller (ebenso Möglichkeit zur Umwandlung der Strafe); Karzerstrafen für Freuchen und Lindholtz.	Danckwert (153, 12253), B. Müller (21), Freuchen (231), Lindholtz (124), Clemens (55), Gloxin (244), Ackermann (3/4), Sennertus (86), Flor(us) (170), Aschwede (254), Boy (229), Creißbach (156), Rumohr (232)	LASH, Abt. 47, Nr. 727, Votum zur Umwandlung der Strafe (1667), Versicherung Danckwerts über Vermeidung zukünftigen Fehlverhaltens; LASH, Abt. 47, Nr. 929, S. 96, unpag. Einlage nach S. 96, S. 97-100; R/P, S. 156.
1667 Okt. 9	Eintrag im Protokollheft über Vorfälle im Konvikt sowie Konsist.prot. über Untersuchung eines Streits des Studenten Lohmann mit zwei Kommilitonen, u.a. Philipp Weißer, über eine Getränkerechnung. Lohmann hatte die beiden Kommilitonen beleidigt und ihnen vorgeworfen, die Rechnung zu seinen Ungunsten geändert zu haben. Weißer hatte gekontert, dass Lohmann »bey trunckheit gerne lust zu zanken hette« (Eintrag Protokollheft). Weitere Beschimpfungen, Provokationen und Drohungen Lohmanns gegen Weißer, der darauf nicht einging.	Lohmann (18), Börner (266), Weißer (16)	LASH, Abt. 47, Nr. 727 (Protokollheft); LASH, Abt. 47, Nr. 929, S. 3f. (Konsist.prot.).

Anhang I
Studentische Vergehen in Kiel in den Jahren 1665 bis 1668

Datum	Ereignis	beteiligte Stud. (Nr. n. Gundlach)	Nachweis
1667 Okt. 9	Eintrag im Protokollheft über Vorfälle im Konvikt sowie Konsist.prot. über Untersuchung einer gewaltsamen Auseinandersetzung zwischen Arnkiel und Reiche. Arnkiel ist »in totum excludiret und 4 tage darzu«, zweitägige Karzerstrafe für Reiche.	Arnkiel (265), Reiche (307?)	LASH, Abt. 47, Nr. 727 (Protokollheft); LASH, Abt. 47, Nr. 929, S. 3f. (Konsist.prot.).
1667 Okt. 9 u. 16	Konsist.prot.: Koppy ist während des Verfahrens zur Aufhebung seiner Relegation wieder in die Stadt gekommen und hat »ziemliche böse worte wieder [sic!] seine reception ausgeworfen«.	Koppy (219)	LASH, Abt. 47, Nr. 929, S. 4f., ferner S. 6f.
1667 Okt. 16	Konsist.prot.: Gewaltsame Auseinandersetzung zwischen von der Wisch und Sennertus.	von der Wisch (vgl. unten 1667 Dez. 17), Sennertus (86)	LASH, Abt. 47, Nr. 929, S. 6f.
1667 Nov. 16/20	Konsist.prot.: Auseinandersetzungen unter maßgeblicher Beteiligung von de Bähr, Bernhard Müller (unschuldig), Friedborn. De Bähr und Müller waren zuvor in Streit über Bücher geraten, die Ersterer ertauschen, Letzterer aber nur verkaufen wollte.	de Bähr (141), B. Müller (21), Friedborn (250)	LASH, Abt. 47, Nr. 929, Einlage nach S. 14, S. 19f.
1667 Nov. 16	Konsist.prot.: Der Theologiestudent Friedborn hat sich zwei Pistolen von seiner Bude ins theologische Kolleg bringen lassen. Verurteilung zu vier Tagen Karzerhaft (Freikauf mit vier Talern möglich), Konfiszierung der Pistolen.	Friedborn (250)	LASH, Abt. 47, Nr. 929, S. 15f.; R/P, S. 140.
1667 Nov. 20	Konsist.prot.: Diskussion im Konsistorium über »das umsingen auf der gassen«.		LASH, Abt. 47, Nr. 929, S. 21.
1667 Nov. 22/25	Konsist.prot. zur Untersuchung, weil »einige Fuhrwagen« von den Studenten Danckwert und Sennertus in eine Grube geschoben worden sind. Leichte Strafen (Karzer).	Danckwert (153, 12253), Sennertus (86); ebenfalls befragt: Gülich (192/486), Hadelen (273), Schabbel (13)	LASH, Abt. 47, Nr. 929, Einlage nach S. 18, S. 22-24.
1667 Nov. 26/30	Konsist.prot. zur Untersuchung über Auseinandersetzung zwischen Wolhat und Keusche. Wolhat ist geohrfeigt worden.	Wolhat(ius) (167, 12255), Keusch; befragt: Brammer (evtl. Brammerus: 36 oder 134), Brauwer (61)	LASH, Abt. 47, Nr. 929, S. 24f., Einlage nach S. 24.
1667 Dez.	Konsist.prot. zur Untersuchung einer Auseinandersetzung Jacobis mit dem Famulus Communis.	Jacobi (187)	LASH, Abt. 47, Nr. 929, S. 26f., Einlage nach S. 26.
1667 Dez. 4/5	Eintrag im Protokollheft über Vorfälle im Konvikt sowie Konsistorialprotokoll über Untersuchung des Streits dreier Studenten »uf dem waßer beij Neumühlen«, bei dem Holst von Röhl mit einem Stein verletzt worden ist. Karzerstrafen für Röhl und Holst, ferner musste Röhl Holst den »Arztlohn« geben. Bramer ist getadelt worden, weil er sich »beij loser gesellschafft finden ließe«.	Bramer (evtl. Brammerus: 36 oder 134), Holst (20), Röhl (34), dabei: Keusch, Groot, Pries	LASH, Abt. 47, Nr. 727 (Protokollheft); LASH, Abt. 47, Nr. 929, zweite Einlage nach S. 26, S. 28f. (Konsist.prot.).
1667 Dez. 12	Konsist.prot. und Befragungsprotokolle zur Untersuchung einer bewaffneten Auseinandersetzung mehrerer Studenten.	Ahlefeld (Person unklar), Hadelen (273), Schabbel (13), Friedborn (250), Lesgewang (280)	LASH, Abt. 47, Nr. 929, unpag. Einlage nach S. 30 (Rückseite), S. 34f., unpag. Einlage nach S. 34.
1667 Dez. 17	Konsist.prot.: Ein junger Mann namens von der Wisch (vgl. 1667 Okt. 16) will sich nicht einschreiben und damit der universitären Gerichtsbarkeit unterwerfen.	von der Wisch	LASH, Abt. 47, Nr. 929, S. 39f.
1667 Dez. 17	Konsist.prot.: Diskussion im Konsistorium über die vielen Schulden der Studenten bei den Kieler Bürgern.		LASH, Abt. 47, Nr. 929, S. 40f.
1667 Dez. 28	Konsist.prot.: Reimers hat Kiel ohne Begleichung seiner Schulden verlassen. Sein Gläubiger soll auf den Umschlag vertröstet werden, zu dem Reimers' Vater in die Stadt kommen wird.	Reimers (171, 12306)	LASH, Abt. 47, Nr. 929, S. 44f.

Anhang I
Studentische Vergehen in Kiel in den Jahren 1665 bis 1668

Datum	Ereignis	beteiligte Stud. (Nr. n. Gundlach)	Nachweis
1668 Jan. 2	Konsist.prot. mit Bericht über Klage des Ballmeisters über Sennertus, der ihm noch 30 Taler schuldig sein soll.	Sennertus (86)	LASH, Abt. 47, Nr. 929, S. 48f.
1668 Jan. 9, Jan. 28, März 2	Eintrag im Protokollheft über Vorfälle im Konvikt: Bei Beschwerde des ersten Tisches über das Essen Auseinandersetzung zwischen dem Inspektor und Lohmann. Letzterer hat auf seiner Meinung beharrt und dem Inspektor widersprochen, der Inspektor hat Lohmann daraufhin »einen groben unbescheidenen Kerl« genannt und ihn aus der Stube geworfen. Bei weiteren Beschwerden sollen die Tische würdigere Personen schicken.	Theodorus (165), Hasenmüller (130/131), Petri (84?), Hollenhagen (181), Lohmann (18), Laurenti (261)	LASH, Abt. 47, Nr. 727.
1668 Jan. 21	Zweites Duell zwischen Buchholtz und Moltke, ersterer erliegt seiner Verletzung. Buchholtz' Vater greift Moltke an, der aber nach Mecklenburg fliehen kann. Anschließend Auseinandersetzung Christian Albrechts mit dem Konsistorium über Reichweite der universitären Strafverfolgung.	Moltke (97), Buchholtz (120)	Chronicon Kiliense tragicum-curiosum, S. 313f.; LASH, Abt. 47, Nr. 728, Schreiben des Herzogs an die Universitätsleitung von 1668 Jan. 24, Febr. 21, März 2, März 16, Apr. 6.
1668 Febr.	Schreiben des Prodekans und der Professoren an Johann Nagel, Kaufmann in Bergen und Vater des Studenten Dominicus Nagel: Der Vater soll die Schulden seines Sohnes beim Prokanzler, an dessen Tisch der Student aufgenommen war, bezahlen.	Nagel (73)	LASH, Abt 47, Nr. 732.
1668 März 4	Konsist.prot. über Vorgehen bei einer mutmaßlichen Gottesdienststörung. Es muss erst untersucht werden, wer den Tumult begonnen hat (Studenten oder Schüler), ggf. muss der Pastor darauf hingewiesen werden, dass seine Kollegen Unruhestifter strenger verwarnen sollen.		LASH, Abt. 47, Nr. 929, S. 82; R/P, S. 147.
1668 Apr. 11	Eintrag im Protokollheft über Vorfälle im Konvikt: Nach Klage des Ökonomen Suspendierung einiger Studenten, damit sie ihre Schulden bezahlen. Petri hat sofort bezahlt und ist wieder aufgenommen worden, Wiederaufnahme aller anderen außer Bitiskius (»gar stillschweigend darvongezogen«) am 15. Apr.	A. Petri (253), Weißer (16), Lindemann (251), Frisius (251), Bitiskius (258)	LASH, Abt. 47, Nr. 727.
1668 Mai 5	Schreiben eines Bürgers an das Konsistorium: Gewaltsame öffentliche Auseinandersetzung des Studenten Creißbach mit dem Bürger Ende Apr. 1668, wobei Letzterer angibt, Creißbach nach dessen Angriff in Notwehr verwundet zu haben.	Creißbach (156)	LASH, Abt. 47, Nr. 727.
1668 März und Mai	Bericht über die Vergehen des Studenten Lesgewang im März und Mai 1667: Drohungen und Angriffe mit dem Degen auf den Gesellen des Weinkellers Jordan, Verletzung des Gesellen (1668 März 7). Gemeinsam mit drei Kommilitonen Angriff auf einen 63-jährigen Bürger beim Schützenfest, Verletzung eines zur Hilfe geeilten Schusters und Angriffe auf weitere dazugekommene Bürger (1667 Mai 13). Um den 20. Mai 1667 hat Lesgewang »durch Plauderey« Unfrieden gestiftet und den Universitätsrittmeister zu einem Pistolenduell zu Pferde provoziert, das auf Einschreiten des Rates der Stadt Kiel verboten wurde. Insgesamt: Hinweise darauf, dass die Stadt Beschwerden über Lesgewangs Verhalten an den Prorektor der Universität gesandt hat, daraufhin aber nichts geschehen ist.	Lesgewang (280)	LASH, Abt. 400.5, Nr. 293, S. 909f.; R/P, S. 143.
1668 Mai	Diverse Überlieferungen zu nächtlichen gewaltsamen Auseinandersetzungen zwischen den Studenten Lesgewang, Gülich, Hadelen, Brammer und Kieler Bürgern, darunter maßgeblich Philip Eckhardt und Hans Fincke. Die Beteiligten beschuldigen einander wechselseitig, den Streit begonnen zu haben.	Lesgewang (280), Gülich (192/486), Hadelen (273), Brammer (36)	LASH, Abt. 47, Nr. 745.
1668 Mai	Beschwerde der Bürger Philip Eckhardt und Hans Fincke gegenüber dem Kieler Bürgermeister und Rat über gewaltsame Übergriffe durch vier Studenten auf offener Straße, mutmaßlich Verletzung der Männer durch mehrere Degenstiche.		LASH, Abt. 47, Nr. 727.

Anhang I
Studentische Vergehen in Kiel in den Jahren 1665 bis 1668

Datum	Ereignis	beteiligte Stud. (Nr. n. Gundlach)	Nachweis
1668 Mai 29	Eintrag im Protokollheft über Vorfälle im Konvikt: Wegen fehlenden Fleißes ist Joachim Reiche (?), Lektor des Konvikts, des Lektorenamtes enthoben worden. Den Tisch hat er gegen die gängige Bezahlung behalten dürfen.	Reiche (307, Einschreibung erst nach der Amtsenthebung)	LASH, Abt. 47, Nr. 727.
1668 Juni	Schreiben eines Bürgers Johann Suwen an den Bürgermeister und den Rat der Stadt mit Klage über dreimaliges Einwerfen eines Fensters.		LASH, Abt. 47, Nr. 727.
1668 Juni	Auseinandersetzung zwischen dem Bürger Jürgen Gabæo und den Studenten Gryphiander und Röhl, die den Bürger gemeinsam mit anderen Studenten beleidigt haben sollen. Überliefert: zwei Beschwerdeschreiben Gabæos (1668 Juni 8 u. 22), ein Rechtfertigungsschreiben Gryphianders und Röhls (1668 Juni 15).	Gryphiander (289), Röhl (34)	LASH, Abt. 47, Nr. 727.
1668 Juni 23 u.a.	Umfangreiche Überlieferung zur gewaltsamen Auseinandersetzung von Studenten und Stadtbewohnern mit tödlicher Verletzung des Zimmerergesellen Jürgen Korthaus aus Ellerbek. Tathergang: Korthaus hatte den Studenten, offenbar in der Absicht, sie zu erschrecken, aufgelauert, daraufhin Angriff der Studenten. Anklage gegen die Studenten vor dem Konsistorium und Antrag der Stadt Kiel, eine andere Universität zur Prüfung des Falls und Fällung des Urteils anzurufen (vom Herzog abgelehnt, Fall liege klar). Freispruch der Studenten durch das Konsistorium, Bestätigung des Urteils durch den Herzog. Vor Abschluss der Untersuchung herzogliche Verfügung an die Stadt: Korthaus schuldig, soll exhumiert und auf das Rad geflochten werden. Weiterer Erlass: Herzogliches Verbot an die Bürger, die Studenten zu provozieren und Auseinandersetzungen herbeizuführen.	zuerst verdächtigt, dann freigesprochen: Gryphiander (289), Röhl (34)	LASH, Abt. 47, Nr. 929, S. 31-33; Chronicon Kiliense tragicum-curiosum, S. 315f.; Stadtarchiv Kiel, P XIX 6, Protocollum civitatis Kiloniensis (iudiciale) 1666-1673, S. 383f.; LASH, Abt. 400.5, Nr. 294, S. 152f. (s.d., Freispruch der Studenten) u S. 283-286 (1668 Juni 26, Verurteilung des Korthaus); R/P, S. 148f.
1668 Juli 3	Protokolle über Vernehmungen eines Bürgers und mehrerer Studenten: Streit einiger Studenten mit Schneidern. Ein Student hatte sich als Schneidergeselle ausgegeben und den Streit begonnen.	Befragte Studenten: u.a. Caspergard (287), D. Brodersen (358?), Erichs (298)	LASH, Abt. 47, Nr. 729.
1668 Juli 8	Bericht des Rats an Kanzler Kielmann: Fünf Studenten haben auf der Holstenstraße zwei Bürger belästigt, einige andere haben ungeladenen die Hochzeit des Kieler Ratsherrn Jacob Stegelmann gestört und einen Musikanten mit dem Degen in den Arm gestochen. Bei der Universität hat sich der Rat nicht beschwert, da von dort »nimmer einige resolution« komme. Zusatz am linken unteren Blattrand der Rückseite: Unter den Studenten, die die Fenster eingeworfen haben, sind auch drei gewesen, die bei der Tötung des Zimmerergesellen Jürgen Korthaus anwesend waren.		LASH, Abt. 400.5, Nr. 293, S. 907f.; R/P, S. 147.
1668 Juli 15	Konsist.prot.: Lesgewang soll bei Bürgerhäusern Fensterscheiben eingeworfen haben.	Lesgewang (280)	LASH, Abt. 47, Nr. 929, S. 43f.; R/P, S. 146.
1668 Juli 18	Beratungen des Konsistoriums wegen studentischer Übergriffe auf Bürger. Herzog Christian Albrecht hat gefordert, »das den Burschen injungieret werden solle, sich keines weges an die Bürgersleüte zu vergreiffen«.		LASH, Abt. 47, Nr. 929, S. 45f., Zitat S. 45; dazu allgemein R/P, S. 146.
1668 Juli 24	Beschuldigung mehrerer Studenten, eines Abends in einer größeren Gruppe in das Haus eines Bürgers eingedrungen und diesen belästigt, bedroht und geohrfeigt zu haben. Anschließend soll die Gruppe obszöne Gesänge angestimmt haben. Überlieferung: Fragenkatalog und Protokolle zur Befragung der Beteiligten.	Befragte: Brüder Dalichius (290, 291), Hoyer (311, 12362), J. Witte (381?)	LASH, Abt. 47, Nr. 729.
1668 Sept. 10	Konsist.prot.: Verhandlungen über Geldstrafe für Lesgewangs viele Vergehen.	Lesgewang (280)	LASH, Abt. 47, Nr. 929, S. 57.

»Daß die Studenten ein so dissolutes Leben führen ...«

Anhang I
Studentische Vergehen in Kiel in den Jahren 1665 bis 1668

Datum	Ereignis	beteiligte Stud. (Nr. n. Gundlach)	Nachweis
1668 Okt. 7	Konsist.prot.: Duell zwischen Amders und Hoppenraht. Der Streit war offenbar 14 Tage zuvor auf einer Hochzeit ausgebrochen, Eskalation: Drohungen mit Ohrfeigen, Duellforderung. Anwesende: Röhl (als Hoppenrahts Sekundant und Überbringer der Duellforderung) und Aschwede.	Amders (27), Hoppenraht (309), Röhl (34), Aschwede (254)	LASH, Abt. 47, Nr. 929, Einlage zu 1668, S. 3.
1668 Okt. 9	Konsist.prot.: Untersuchung gegen verschiedene Studenten wegen mehrerer Duelle. Entstehung der Duellsituationen: Beleidigungen (auch in Trunkenheit), anschließend weitere Provokationen, teilweise Ohrfeigen, Duellforderungen (im Fall Wiehes auf Betreiben seiner Kommilitonen aus der Burse [Reibnitz, Aschwede, Lindholtz]), insgesamt keine oder nur leichte Verletzungen. Duellsituationen: Amders/Börner, Caspergard/Börner, Petri/Hoppenraht, Claudius/Wiehe, Hadelen/Haumann, Börner/Haumann.	Amders (27), Börner (266), Claudius (293, 12248), Caspergard (287), A. Petri (253), Hoppenraht (309), Wiehe (277), Hadelen (273), Haumann (331), Bodemberg, Reibnitz (317), Aschwede (254), Lindholtz (124)	LASH, Abt. 47, Nr. 929, pag. Einlage nach S. 2, S. 2-7; zum Druck durch Bursen, Streitigkeiten im Duell auszutragen, kurz R/P, S. 139, Anm. 94.
1668 Okt. 21	Eintrag im Protokollheft über Vorfälle im Konvikt: Kling hat ein Stück von einem zerrissenen Tischtuch abgerissen, es am Licht angezündet und in den Raum geworfen. Daraufhin dreitägiger Ausschluss vom Konvikt.	Kling (39)	LASH, Abt. 47, Nr. 727.
1668 Okt. 28	Konsist.prot. wegen des Verdachts, dass mehrere Duelle stattgefunden haben.	Gryphiander (289), Röhl (34), Hatten (332), Haumann (331), Börner (266), Hoppenraht (309), Stöcken (275)	LASH, Abt. 47, Nr. 929, pag. Einlage nach S. 2, S. 8-11.
1668 Okt. 28	Konsist.prot. zur Untersuchung eines Duells zwischen Claudius und Wiehe. Wiehe hat Claudius durch Reibnitz zum Duell fordern lassen. Claudius soll drei Tage im Karzer inhaftiert werden, Wiehe soll einen Dukaten bezahlen. (Vermutlich identisch mit dem in der Sammeluntersuchung zum 9. Okt. 1668 aufgeführten Duell zwischen Claudius und Wiehe).	Claudius (293, 12248), Wiehe (277), Reibnitz (317)	LASH, Abt. 47, Nr. 929, S. 19f.
1668 Dez. 23	Frageprotokoll zur Untersuchung der kürzlich geschehenen Ruhestörung am Sonntagmorgen in der Frühpredigt durch Reibnitz und Thomsen; als Zeugen der Untersuchung sollen Gryphiander, Wolhat, Oldrogg (von seiner Seite Bestätigung der Ereignisse) und M. Frisius befragt werden.	Reibnitz (317), Thomsen, Gryphiander (289), Wolhat(ius) (167, 12255), Oldrogg (308), Frisius (28)	LASH, Abt. 47, Nr. 727.

Anhang II
Wiederholt auffällige Kieler Studenten (1665 bis 1668)

Name	Einschr.-datum	Einschreibung als	Gebühr	Gundlach (wie Anm. 10)
Ackermann	1665 Okt. 8	Augustinus Ackerman Wismar. Mecklenburg.	keine Angabe	S. 1, Nr. 4.
Ahlefeldt	1666 März 9	Georgius ab Ahlefeldt nobilis Holsatus nov.	keine Angabe	S. 3, Nr. 119.
Ahrnholtz	1665 Nov. 30	Christianus Ahrnholtz Pommeranus.	keine Angabe	S. 2, Nr. 90.
Amders	1665 Okt. 9	Andreas Amders Tundera Holsatus.	keine Angabe	S. 1, Nr. 27.
Aschwede	1667 Aug. 20	Conradus von Asswede Bremensis.	1 Rtlr. 12 ß	S. 5, Nr. 254.
Börner	1667 Okt. 5	Tobias Börner Misnicus.	gratis	S. 6, Nr. 266.
Buchholtz	1666 März 14	Johannes Sigismundus Ludovicus de Buchholtz nobilis Holsatus nov.	keine Angabe	S. 3, Nr. 120.
Clemens	1665 Okt. 18	Marcus Clement Ploena Holsatus.	keine Angabe	S. 2, Nr. 53.
Clemens	1665 Okt. 18	Anthon Clemens Plönensis Holsatus.	keine Angabe	S. 2, Nr. 55.
Creißbach	1666 Juni 13	Conradus Creißbach Dithmarsus.	keine Angabe	S. 3, Nr. 156.
Danckwerth	1665 Okt. 7	Dedlevus Diedericus Danckwertus Slesvicensis. [Album novitiorium]	keine Angabe	S. 465, Nr. 12253.
	1666 Juni 6	Dedlevus Diedericus Dancvert Slesv. L. studios. [Album universorum]	keine Angabe	S. 3, Nr. 153.
Engelschall	1666 Juni 25	Christianus Heinricus Engelschall Schlaiza Var. LL. stud.	keine Angabe	S. 3, Nr. 157.
Freuchen	1667 Juni 11	Nicolaus Freuchen.	1 Rtlr.	S. 5, Nr. 231.
Friedborn	1667 Aug. 1	Alexander Frideborn Griph. Pom.	1 Rtlr. 16 ß	S. 5, Nr. 250.
Gryphiander	1668 März 10	Henricus Gryphiander Oldenburgensis.	1 Rtlr. 8 ß	S. 6, Nr. 289.
Gülich	1666 Nov. 10	Johannes Theodorus a Gülich Osnabrug. Guesphalus LL. st.	keine Angabe	S. 4, Nr. 192,
	1671 Jan. 20	Johannes Theodorus a Gulich Osnabr. Westph.		S. 10, Nr. 486
Hadelen	1667 Nov. 14	Otto von Hadelen Caedinga Bremensis.	0,5 Rtlr. 12 ß	S. 6, Nr. 273.
Haumann	1668 Okt. 4	Christianus Hauman Vin. Thur.	keine Angabe	S. 7, Nr. 331.
Hey	1665 Okt. 9	Gerhardus Hey Schleswicensis Holsatus nov.	keine Angabe	S. 1, Nr. 17.
Koppy	1667 Mai 16	Johannes Rudolphus a Koppy.	4 Tlr.	S. 5, Nr. 219.
Lesgewang	1667 Dez. 14	Dietericus Johannes a Lesgewang n. Boruss.	1 Rtlr.	S. 6, Nr. 280.
Lohmann	1665 Okt. 9	Johannes Lohman Tundera Holsatus nov.	keine Angabe	S. 1, Nr. 18.
Moltke	1665 Dez. 3	C.G. Moltk Mecklenburgensis.	keine Angabe	S. 2, Nr. 97.
Müller	1666 Mai 10	Andreas Müller SS. theolog. studiosus Luneburgensis.	keine Angabe	S. 3, Nr. 143.
Nagel	1665 Nov. 5	Dominicus Nagell Berg. Norwegi.	keine Angabe	S. 2, Nr. 73.
Petri	1667 Aug. 10	Ananias Petri Steinbeka-Holsatus.	1 Rtlr. 10 ß	S. 5, Nr. 253.
Reibnitz	1668 Aug. 17	Wilhelmus Henricus de Reibnitz Salfeldia Borussus.	keine Angabe	S. 7, Nr. 317.
Röhl	1665 Okt. 9	Michäel Röhlius Wolgastensis Pomeranus.	keine Angabe	S. 1, Nr. 34.
Sennertus	1665 Nov. 23	Johann-Andreas Sennertus Wittenbergensis.	keine Angabe	S. 2, Nr. 86.
Stahl	1665 Okt. 18	Johan-Fridericus Sthal Apenrahda-Holsatus.	keine Angabe	S. 2, Nr. 58.
von der Wisch		zur Einschreibung ermahnt worden, aber dieser Aufforderung nicht nachgekommen.		
Weißer	1665 Okt. 9	Philippus Weisserus Flensburgo-Holsatus nov.	keine Angabe	S. 1, Nr. 16.
Wolhat(ius)	1665 Okt. 7	Georgius Wolhatius Rendesburgensis. [Album novitiorum]	keine Angabe	S. 465, Nr. 12255
	1666 Aug. 5	Georgius Wolhat Rendesburgensis Holsatus SS. theol. stud. [Album universorum]	keine Angabe	S. 4, Nr. 167.

Frederieke Maria Schnack geb. 1990 in Kiel, 2009–2014 Studium der Geschichte und Germanistik in Kiel und Fribourg (Schweiz), seit April 2015 Wissenschaftliche Mitarbeiterin an der Abteilung für Regionalgeschichte der Christian-Albrechts-Universität.
Holsteiner Studienpreis zum Universitätsjubiläum 2015 für die hier veröffentlichte, für den Druck überarbeitete Studie.

Frederieke Maria Schnack
Historisches Seminar
Leibnizstraße 8, 24118 Kiel
Tel. 0431/ 880-2295
E-Mail: schnack@histosem.uni-kiel.de

Buchbesprechungen

Ralf Konersmann Die Unruhe der Welt
Frankfurt am Main: S. Fischer 2015.
461 S., 11 s/w Abb., geb., 24,99 Euro.
ISBN 978 3 10 038300 6

Dieses Buch will zur Selbstbesinnung und zur Selbsterkenntnis führen und ist geeignet, diese auch hervorzubringen. Unruhe, so Konersmann, ist keine Naturgegebenheit, sondern ein Kulturphänomen, und als solches stellt der Autor sie vor, als eine »Passion«, die eine ganze Kultur infiziert hat. Das Buch »will die Aufmerksamkeit schärfen und herausarbeiten, wie kulturelle Konventionen aufkommen und wie sie durchgesetzt werden. Was mich interessiert, ist die Unwiderstehlichkeit der Unruhe, ist der kulturelle Laderaum dieses Prinzips und die Robustheit der von ihm getragenen Vorstellungswelt« (17).

In einer Einleitung, zehn Kapiteln und einem Schluss spürt Konersmann dieser Gegebenheit nach, bestimmt sie mit einem – treffenden – Neologismus als ›Inquietät‹ und verfolgt sie durch die Geschichte, um sie – und um uns selbst – zu verstehen. Da ist von Narziss die Rede und vom Fließen der Zeit, vom Mythos und seiner vermeintlichen Überwindung durch den Logos, von Eigensinn und vom Dilemma der ›Logifizierung‹, von der Unterscheidung zwischen Eigenem und Fremdem und vor allem von Kain als »Imago der Unruhe« (99). »Unstet und flüchtig sollst du sein auf Erden« – übersetzt Luther Genesis 4,12; in der Übersetzung »Rastlos und ruhelos wirst du auf der Erde sein« legt Konersmann das Wort seiner Auslegung zugrunde. (Eine merkwürdige Koinzidenz: Auch in Ralf Rothmanns einen Monat nach dem Erscheinen von Konersmanns Buch ausgeliefertem Roman ›Im Frühling sterben‹ hat dieses Bibelwort zentrale Bedeutung.)

Um die Unruhe als Zeichen der Erlösungsbedürftigkeit des Menschen geht es, um das ›Sein-zur-Unruhe‹ und darum, »dass die Unruhe wohl eine Plage, nicht aber das reine Chaos ist« (130). Wie aber vollzog sich, so fragt der Autor, die Umwertung der Unruhe vom Verhängnis zur Verheißung, wie wird aus der Unruhedrohung Unruheerwartung? Was geschieht, wenn Veränderung, Entwicklung und Fortschritt eintreten und die Welt aus der Ruhe bringen, ja, wenn die Aufklärung die Unruhe in der Perspektive der Menschheitsgeschichte als Gewinn verbucht? Und wenn Karl Marx die Unruhe als Modus der geschichtlichen Wirklichkeit propagiert? Da kommt ein neues Ethos der Unruhe auf, und »das Bestehende« wird zum inquietären Kampfbegriff. Ein halbes Jahrhundert später wird Walter Benjamin die Befreiung vom Konformismus der Unruhe thematisieren und einfordern.

Nach der Veränderung der Welt geht es am Ende des Buches um Veränderung des Selbst, um die Frage nach der eigenen Identität und dabei um die Arbeit am Ich, um zu verhindern, dass ich mir selbst fremd werde. Petrarca hätte in diesem Zusammenhang vielleicht noch Aufmerksamkeit beanspruchen dürfen – ein großer Unruhiger, vor allem im Gespräch mit Augustin. Gewiss nicht nur für Theologen ist die Auslegung von Genesis 4,12 bereichernd, auch die der Geschichte von Maria und Martha (Lukas 10, 38-42; 268-272) und die Frage nach dem Verhältnis von stoisch-epikureischer Gefasstheit und Trost in Christus, oder, was es – mit Seneca – bedeutet, se ipsum aestimare und – mit Jesus – seinen Nächsten lieben wie sich selbst.

Die vielfältigen und reichhaltigen Gedanken eines gebildeten Autors für gebildete Leser werden vor einem wunderbar weiten kulturellen Horizont in einer konzentrierten, disziplinierten und schönen Sprachgestalt entwickelt – es ist eine Lust zu lesen. Da begegnen einem sogar noch fast vergessene Wörter wie »Behagen«, »befreunden« oder »Grimm« und sinnvolle Worttrennungen wie »an-onym«, und am Ende steht ein »Vokabular der Unruhe« (447-461) – »Zweifel« ist hier der letzte Eintrag. Inquietum cor nostrum ... Die Unruhe geht weiter. – Ein großes Buch.

Johannes Schilling

Thorsten Burkard, Marvin Harms (Hrsg.) Caeso Gramm, Chilonium. Novus Holsatiae Parnassus.
Kiel / Hamburg: Wachholtz – Murmann Publishers 2015.
LXXVIII, 330 S., Abb., Ln.
mit Schutzumschlag, 24,80 Euro.
ISBN 978 3 529 05904 9

Wenn man die ideale Lage der Stadt, die landschaftliche Schönheit ihrer Umgebung, das sympathische Wesen ihrer Bewohner, ihr gesundes Klima und ihre günstige Versorgungslage in Betracht ziehe, erkenne man, dass offenbar Athene selbst sich diesen Platz zum Wohle der ›Literati‹ auserkoren habe in der sicheren Erwartung, dank der großzügigen Besoldung durch den Fürsten müssten die berühmtesten Professoren aus allen möglichen Universitäten hierher zusammenströmen und damit in Holstein einen ›Neuen Parnass‹ kreieren, aus dem gleichsam (»wie aus dem Trojanischen Pferd«) die größten Genies hervorkommen würden, die dereinst nicht nur Holsteins, sondern auch vieler anderer Länder Zierde, Glanz und Stütze werden könnten (7).

Mit dieser und noch vielen anderen kühnen Schmeicheleien widmete Caeso Gramm (1640-1673) aus Tönning, der erste Professor für Naturkunde und Grie-

Buchbesprechungen

chisch an der neugegründeten Universität Kiel, vor genau 350 Jahren dem Landesfürsten und Gründer der Universität, Herzog Christian Albrecht von Schleswig-Holstein-Gottorf, die in prunkvoll gelehrtem Latein verfasste Werbeschrift, die sich liest wie ein Antrag auf Aufnahme in das Weltkulturerbe und die damals Studenten und Professoren nach Kiel locken sollte. Sie ist jetzt von zwei heutigen Mitgliedern dieser Universität denkbar passend als repräsentative Jubiläumsgabe in einer kundig und reich kommentierten Edition mit einer sorgfältigen deutschen Übersetzung vorgelegt worden (X-LXXVII: Einleitung mit Literaturverzeichnis; 1-125: lateinisch-deutscher Text; 129-318: Kommentar mit sechs Abbildungen; 323-330: Zeittafel und Personenregister).

Gramm war nicht nur ein literarisch hochgebildeter Gelehrter, sondern auch ein welterfahrener, weil vielgereister Mann mit einem wachen Sinn für die gegenständliche Welt, für alles technisch Kunstvolle und besonders für die Architektur. Diese komplexe Begabung qualifizierte ihn für seine oft sehr eingehenden und reflektierten Beschreibungen sowohl der Natur wie auch der von Menschen geschaffenen Werke. Es versteht sich von selbst, dass dabei aus der Antike tradierte Prinzipien der zumal seit dem Humanismus beliebten literarischen Gattung Städtelob (›laus urbis‹) zur Anwendung kommen.

Der ›Novus Holsatiae Parnassus‹ gliedert sich in drei große Teile: 1. Die Beschreibung Kiels und seiner Umgebung mittels einzelner Rundgänge, wie sie auch heute noch in Reiseführern vorgeschlagen werden (Noch anderes erinnert an moderne Reiseführer, nicht zuletzt der durchgehend werbende, positive Erlebnisse suggerierende Ton und die direkte Ansprache an den potentiellen Touristen.). Der zweite Teil gilt der Darstellung der beiden Herzogtümer mit den Klöstern Bordesholm und Preetz bzw. Schloss Gottorf. Als mögliche Ziele für Ausflüge empfiehlt Gramm auf einer knappen Seite (72) die beiden (Kiel selbstverständlich übertreffenden) Städte Lübeck und Hamburg mit ihrem kosmopolitischen Flair – um aber doch ganz schnell und fast etwas verlegen ob der zu fürchtenden Konkurrenz zum dritten Teil, der Beschreibung Kiels und seiner Bewohner, zurückzukehren. Hier rühmt er die großzügig angelegten Straßen (›Plateae‹), die für zwei nebeneinander fahrende Reisewagen Platz bieten, den Markt (›Forum‹), auf den nicht weniger als acht Straßen zuführen, und die zahlreichen städtischen, privaten und kirchlichen Gebäude (›Aedificia‹). »Zu den sakralen Gebäuden rechne ich die Kirchen, unsere Universität und die Schule«, schreibt Gramm (75). Für den Bau der Universität hatte man einen abgelegenen, lärmgeschützten Platz in unmittelbarer Nähe der Klosterkirche ausgesucht, was wie folgt kommentiert wird: »Diese Nachbarschaft wird unseren Studenten den festen Bund in Erinnerung rufen, durch den Frömmigkeit und weltliche Weisheit miteinander vermählt sind, und sie, wenn sie auf dem Weg zur Universität an der Kirche vorbeigehen, still dazu ermahnen, Gebete an Gott zu richten für erfreuliche Erfolge in ihrem Studium« (77).

Der ›Novus Holsatiae Parnassus‹ ist ein einziger, sehr naiv wirkender Lobpreis Kiels und, implizit, natürlich ein Panegyricus auf den Gründer der Universität. Die Realien stammen zum größten Teil aus zwei deutsch geschriebenen Quellen, nämlich Caspar Danckwerths ›Newe Landesbeschreibung der zwey Herzogthümer Schleswich und Holstein‹ (1652) und Adam Olearius' ›Holsteinische Chronik‹ (1663); die z. T. fehlerhaften Übernahmen sind von den Herausgebern in zwei Synopsen (XXXVI-XLIII) genau dokumentiert. Gramms bevorzugte Strategie ist es, seine Stadt und sein Land durch vorteilhafte Vergleiche mit anderen, auch bedeutenderen Städten und Ländern, wie sie ihm von seinen Reisen bekannt sind, aufzuwerten. Immer wieder arrangiert er solche Konkurrenzen, im gleich folgenden Fall forciert durch eine antikonfessionelle Pointe: die prächtigen Unterkünfte für die Jungfrauen im Kloster Preetz verdienen nach seinem Urteil, den Jesuitenkollegien in Regensburg und München, über deren Schönheit »in ganz Deutschland ... immer wieder große Loblieder gesungen« (59) werden, gleichgestellt, wenn nicht vorgezogen zu werden; andere Universitäten prahlen, wenn sie über eine einzige Papiermühle verfügen – Kiel hat mit Steinfurt und Rastorf deren zwei (46); die Gehälter der Professoren sind stattlicher als an irgendeiner anderen Universität Deutschlands, und der Freitisch (›mensa communis‹), für die Studenten, der drei Gänge (Suppe, Fisch, Fleisch) bietet, kostet dank der Zuschüsse des finanziell gut situierten Fürsten nur eine Kleinigkeit (52 und 118); die 1606 begründete und im Lauf der Zeit durch die »Musensöhne und Mäzene« Friedrich bzw. Christian Albrecht großzügig ergänzte Bibliothek steht hinter keiner anderen deutschen Bibliothek zurück: In Kiel findet man jedes Buch (65); der südliche Lustgarten des Schlosses Gottorf mit seinen Alleen ist schöner als die Bellecour in Lyon (68), der doppelte Globus des mathematisch interessierten Fürsten Friedrich hat überhaupt nicht seinesgleichen in der Welt (68f.); schließlich verfügt die Region »durch Gottes reichen Segen« über eine solche Menge und Vielfalt an Fischen (deren Namen über fünf Seiten aus der ›Ichthyologia‹ des Stephan Schönefeld mitgeteilt werden), dass sie in dieser Hinsicht alle Regionen, »insbesondere die Oberdeutschlands« (103), weit übertrifft.

Nicht nur das Klima und die Produkte der Natur, auch die Wesensart der Bewohner eines Landes zu kennen (84ff.), ist für die Wahl des Studienorts wichtig, und da hat man im Falle Kiels nichts zu befürchten: Seine Einwohner sind »reich an Verstand, der empfänglich ist für alle Wissenschaften und Disziplinen«, manche sind weit gereist und sprechen bis zu vier Sprachen. Das Handwerk ist hier auf der Höhe, das Land autark: Man muss weder aus Holland noch Frankreich noch Italien importieren. Männer wie Frauen sind gastfreundlich, die Frauen sind züchtig, schön und klug. »Die natürliche körperliche Verfassung ahmt zweifelsohne in glücklicher Weise den Zustand des gemäßigten Klimas nach. Du dürftest wohl keine Kieler sehen, die vor Hitze glühen und vor Begierden überschäumen oder die von einem reißenden Strudel des Zorns fortgerissen würden, ebenso wenig aber Faulenzer und Schlafmützen ... « (97). Zum Schluss ist sich Gramm sicher, dass vor allem anderen die mit gesunder Luft und gutem Wasser gesegnete Natur und ihre Produkte – Fische, Geflügel, Fleisch (das man bei Bedarf auch ungeräuchert und ungesalzen bekomme) sowie Bier – viele junge Leute nicht nur anlocken, sondern auch zum Bleiben veranlassen würden; bereits jetzt gebe es viele Deutsche aus allen Gauen, desgleichen Franzosen und Holländer, die es sich hier gut gehen ließen, die sich ihres Lebens in all dem Überfluss erfreuten und ihre Heimat fast vergessen hätten (122).

Fidel Rädle, Göttingen

Rainer S. Elkar Studieren in Kiel. Eine historisch-politische Zeitreise von den Anfängen bis zur Gegenwart
Husum: Husum 2015
(Sonderveröffentlichungen der Gesellschaft für Kieler Stadtgeschichte 77)
207 S., 44 s/w Abb., 14,95 Euro
ISBN 978 3 8976 795 8

2015 jährt sich die Gründung der Christian-Albrechts-Universität zum 350. Mal – hinreichende Motivation für Vertreter der historischen Wissenschaften, die facettenreiche Geschichte der Universität neu zu beleuchten. Zahlreiche Forschungsbeiträge flossen in die zum Jubiläum veröffentlichte Festschrift (Oliver Auge [Hg.], Christian-Albrechts-Universität zu Kiel. 350 Jahre Wirken in Stadt, Land und Welt, Kiel / Hamburg 2015) ein, darunter auch einer des Verfassers ›Beteiligung und Verantwortung – Ausschnitte einer studentischen Geschichte zu Kiel‹ (ebd. 561-610). Bei dem vorliegenden Buch handelt es sich im Wesentlichen um die ausführlichere Version dieses Beitrags, die ihres Umfangs wegen nicht zur Gänze in der Festschrift abgedruckt werden konnte. Elkar ist, was die Kieler Studentengeschichte anbelangt, kein unbeschriebenes Blatt (vgl. seinen Beitrag zur Geschichte der ersten Kieler Studenten in Christiana Albertina 75, 2012, 50-73).

Auf ein knappes Vorwort (9) folgt zur Einführung die Gegenüberstellung der studentischen Generationen von 1665 und 2015 (13-18). Mit der Darstellung des Starts des universitären, damit auch studentischen Lebens in Kiel unter der Maxime »pax optima rerum« im Jahr 1665 setzt sodann die strikt chronologisch aufgebaute Zeitreise Elkars ein (19-31), an die sich die lebendige Schilderung des Studentenlebens, vor allem im Rahmen der Konviktsstipendien während der ersten kurzen Blütezeit der Universität bis zum Beginn des 18. Jahrhunderts anschließt (32-43). Das Folgekapitel widmet sich dem Studieren zur Zeit des Niedergangs und Wiederaufstiegs der Kieler Universität bis zu ihrer Einverleibung in den dänischen Gesamtstaat im 18. Jahrhundert bzw. zur 1815 abgehaltenen »Krönungsfeier« zu Ehren König Friedrichs VI. von Dänemark zwischen Trinken und Duellieren und ordentlichem Studium (44-61). »Deutsche Freiheit« und bedrohliche »Germanomanie« sind Themen des nächsten Abschnitts, der zeitlich zwischen 1815 und 1850 verortet ist (62-82). Darin werden der Umschwung der Kieler Studenten von Gesamtstaatspatrioten zu Anhängern einer deutschen Nationalidee nachverfolgt, die Entstehung der Burschenschaften berührt und das studentische Engagement während der sog. Schleswig-Holsteinischen Erhebung beleuchtet.

Dem Übergang der Universität in preußische Obhut ist das darauf folgende Kapitel verschrieben, das in der Etablierung des Frauenstudiums zu Anfang des 20. Jahrhunderts, im Aufkommen antisemitischer Ressentiments sowie in der Errichtung der Seeburg als einer besonderen Attraktion – es handelt sich nach Elkar um das erste Studentenhaus Deutschlands! – drei inhaltliche Schwerpunkte hat (83-96). Die Zeit der Weimarer Republik und die zunehmende Ablehnung der Kieler Studierenden ihr gegenüber liefern den Stoff zum nächsten Abschnitt (97-112). Der Kieler AStA entpuppte sich zwischen 1930 und 1933 als Sammelbecken für völkische und nationalsozialistische Vorstellungen. Zugleich ist die Weimarer Zeit als Hochphase studentischer Selbsthilfe in Krisenzeiten anzusehen. Nahtlos schließt daran das Kapitel (113-132) an, in dem Elkar auf den Vormarsch der Nationalsozialisten an der Kieler Universität, einem

»Flaggschiff einer nationalsozialistisch durchdrungenen Hochschule« (113) eingeht. Die Studierenden waren Motor der »Gleichschaltung« der Universität, was Elkar vor allem an der Betrachtung des NS-Studentenbunds und seiner Hauptvertreter verdeutlicht.

Die Wiedereröffnung der Universität hat das achte Kapitel zum Inhalt. Darin wird auf die fast schon mythenumrankten vier Lehr- und Wohnschiffe, mit denen der Lehrbetrieb 1945 wieder aufgenommen wurde, auf die Mithilfe der Studierenden bei der Trümmerbeseitigung und die Normalisierung des Lehrbetriebs bis etwa 1950 eingegangen (133-142). Die beiden letzten Abschnitte des darstellenden Teils behandeln schließlich die unruhige 68er-Zeit (143-161) und die Phase von 1970 bis heute (162-173). Es wird deutlich, wie engagiert die Studierendenvertretung damals für ihre Interessen kämpfte, wiewohl sie hier, in Kiel, viel moderater gewesen zu sein scheint als andernorts, und wie das Interesse der an Zahl stets zunehmenden Studierenden an Teilhabe und Mitbestimmung in den letzten vier Jahrzehnten deutlich abnahm, auch dass viele Probleme, die die gegenwärtige Studierendengeneration umtreiben, schon vor Jahren und Jahrzehnten relevant waren.

Ein überschaubarer Anmerkungsteil (175-188), ein hilfreiches Quellen- und Literaturverzeichnis (189-200), ein übersichtliches Abkürzungsverzeichnis (201) sowie ein knappes Schlagwortregister (202-207) beschließen den ordentlich redigierten, sinnvoll bebilderten, handlichen Band.

Elkars Darstellung zeichnet erstmalig die Geschichte der Kieler Studierendenschaft von 1665 bis heute nach – schon diese Leistung allein ist lobenswert. Er spricht dabei ungemein viele Aspekte an, wodurch sich ein vielschichtiges, buntes, lesenswertes Bild von den Studierenden und dem Studentenleben vergangener Zeiten ergibt. Verdienstvoll ist insbesondere, dass seine Darstellung nicht nur auf vorhandenen Forschungen aufbaut, wiewohl sein Text gerade in den schon erforschten Bereichen (z. B. für die Zeit zwischen 1815 und 1850) – verständlicherweise – am ausführlichsten ist. Elkar hat sich auch der Mühe unterzogen, ins Archiv zu gehen und die dort vorhandene Aktenüberlieferung zu sichten und auszuwerten, was für sein Buch von großem Gewinn ist. Passagenweise drängt der Blick auf die Institutionen seine historisch-politische Nachverfolgung der Studierenden und ihres Lebens stark in den Hintergrund (44ff.). An einigen Stellen hätte man sich zudem eine größere Ausführlichkeit gewünscht: So kommt die Zeit nach dem Machtwechsel von 1933 bis 1945 zu kurz. Manche Aspekte lässt Elkar ganz vermissen. Die – fehlgeschlagene – Entnazifizierung der Kieler Universität ist dem Autor z. B. nicht der Erwähnung wert. Doch ist dies jeweils dem schwierigen Forschungsstand geschuldet, dessen teilweise großen Defizite der Autor seinem eigenen Bekunden nach nicht beheben konnte und wollte (18). Hier tut sich künftiger Forschung noch ein großes Arbeitsfeld auf. Sie kann sich dabei auf Elkars ›Studieren in Kiel‹ als solide erste Anlaufstelle und Informationsbasis stützen.

Oliver Auge

Miriam J. Hoffmann Studien zur Lübecker Tafelmalerei von 1450 bis 1520.
Kiel: Ludwig 2015 (Bau + Kunst 22). 692 S., 361, z. T. farbige, Abb., geb., 39,90 Euro.
ISBN 978 3 86935 235 0

Aus dem Umkreis Uwe Albrechts, der inzwischen so etwas wie eine Werkstatt geworden ist, ist ein neues ansehnliches Werk hervorgegangen, das sich zum Ziel gesetzt hat, »die Lübecker Malereien [zwischen 1450 und 1520] in einem Katalog darzustellen und mit Hilfe der Stilkritik verschiedenen Werkgruppen zuzuschreiben« (19).

Nach einer Einleitung, einer knappen Darstellung des Forschungsstandes, einer Definition des Gegenstandes und einer Darlegung der »Lübecker Tafelmalerei«, nämlich Gemälden auf Holztafeln, die verschiedene Einflüsse der Zeit, u. a. aus den Niederlanden, aufgenommen haben, sowie des Niedergangs dieser Kunst am Anfang des 16. Jahrhunderts legt die Verfasserin die – nicht ganz einfachen – Voraussetzungen für ihre Arbeit dar: Die zahlreichen untersuchten Werke sind weit verstreut, schriftliche Quellen fehlen weitgehend, Datierungen sind zumeist nicht vorhanden und können deshalb nur erschlossen werden. Anstelle der Zuweisung der Werke zu Werkstätten und/oder zu einzelnen Meistern, unter denen Hermen Rode (um 1430 – nach 1504) und der seit 1467 in Lübeck nachweisbare Bernt Notke (um 1435 – 1509) die berühmtesten sind, ordnet die Verfasserin die Überlieferung daher nach »Werkgruppen«, die durch »stilistische Nähe« der Werke untereinander bestimmt sind.

In den folgenden insgesamt zwölf Kapiteln werden diese Werkgruppen und Künstler und deren Stilmerkmale jeweils aufgeführt, in der Regel Figuren, Kleidung, Raum und Landschaft charakterisiert und sodann die Werke verzeichnet; ein Fazit bündelt die Ergebnisse. Den Niedergang der Lübecker Tafelmalerei am Anfang des 16. Jahrhunderts erklärt die Verfasserin mit dem Zuzug niederländischer Künstler nach Lübeck und dem Aufkommen eines neuen Stils; die (vergleichsweise spät – 1531 – offiziell eingeführte) Reformation habe in dieser Hinsicht kaum Einfluss gehabt. Aber das ist wohl nur e i n Aspekt: Die neue Kirche brauchte keine Bilder mehr, und so entfielen zahlreiche Aufträge für die Maler. Mit Hans Kemmer († 1561) konnte sich allerdings ein neuer Meister in der Stadt etablieren. Die Zusammenfassung am Schluss summiert die Ergebnisse der Untersuchung, die in einem Katalog noch einmal aufgeführt werden (in diesem Teil hätten sich zur besseren Übersicht lebende Kolumnentitel angeboten). Besonders üppig ist der Abbildungsteil ausgefallen: 160 Seiten farbige Abbildungen bereichern und zieren den Band, den Anmerkungen, Literaturverzeichnis, Abbildungsnachweis und Ortsregister beschließen. Da und dort könnte und möchte man sich eine konzisere Darlegung vorstellen; insgesamt aber hat die Verfasserin den Gegenstand deskriptiv breit erschlossen. Wer sich einen Eindruck von dieser Blütezeit der Kunst verschaffen möchte, hat dazu gegenwärtig Gelegenheit: In der Jahrhundertausstellung ›Lübeck 1500. Kunstmetropole im Ostseeraum‹ gezeigt, die seit dem 20. September 2015 im dortigen St. Annen-Museum läuft und noch bis zum 10. Januar 2016 zu sehen ist, wird die Herrlichkeit des späten Mittelalters noch einmal sichtbar.

Die »in Zusammenarbeit und mit Mitteln der Sparkassenstiftung Schleswig-Holstein« und mit Unterstützung der Böckler-Mare-Balticum-Stiftung und der Possehl-Stiftung veröffentlichte Arbeit kann man als ein Schmuckstück in der auch sonst an guten Arbeiten nicht armen Reihe ›Bau + Kunst‹ bezeichnen. Das Geld der Stifter ist gut angelegt; die Erträge in Gestalt weiterer Arbeiten aus dieser Werkstatt dürften die pekuniären – gegenwärtig ohnehin, aber auch wohl künftig – deutlich übertreffen.

Johannes Schilling

Palmarum 1942. Neue Forschungen zu zerstörten Werken mittelalterlicher Holzskulptur und Tafelmalerei aus der Lübecker St. Marienkirche. Tagungsband und Ausstellungsdokumentation.
Hrsg. von Ulrike Nürnberger und Uwe Albrecht.
Kiel: Ludwig 2015.
295 S., brosch., 44,80 Euro.
ISBN 978 3 86935 229 9

Der Palmsonntag 1942 war für Lübeck und insbesondere für die Marienkirche ein dies ater, eine Katastrophe. Siebzig Jahre nach der Zerstörung veranstaltete das Kunsthistorische Institut der Kieler Universität eine Tagung, deren Beiträge in überarbeiteter Fassung im vorliegenden Band dokumentiert sind. Grundlage für die Studien bilden historische Fotografien, die aufgrund ihrer hohen Qualität auch nach der Zerstörung der Originale kunsthistorische Forschungen ermöglichen.

Thorsten Albrecht schildert in seinem Beitrag ›Palmarum 1942 – Der Bombenangriff auf Lübeck und der Kunst- und Kulturgüterschutz‹ Vorbereitungen zur Rettung der Kunstschätze, das Ereignis der Zerstörung und seine Folgen. Jan Friedrich Richter rekonstruiert das Hochaltarretabel von 1425, weist es einer in Lübeck ansässigen Werkstatt zu und verortet es in seinem künstlerischen Kontext. Heinrich Dormeiers Beitrag ›Die Sängerkapelle in der Lübecker Marienkirche. Devotion, Laieninitiativen und öffentliche Wirkung‹ gibt einen Einblick in die Religiosität, insbesondere die Marienfrömmigkeit in Lübeck um 1500. Julia Trinkert behandelt ›Die Lübecker Patroklustafel‹, vielleicht die Stiftung eines Soester Kaufmanns, die von einem Maler stammt, der Hans Memlings Werk »gut gekannt haben« (130) muss. Anja Rasche würdigt ›Hermen Rodes Greveraden-Diptychon‹ (in der Bildunterschrift S. 140 muss das korrekt wiedergegebene »DOLORIO« DOLORIS heißen) als ein »besonderes Werk von herausragender Qualität« (160). Miriam Hoffmann unterzieht in ihren gründlichen, weiterführenden Ausführungen über die zerstörte Gregorsmesse für Adolf Greverade († 1501), das »mit Abstand größte mittelalterliche Tafelbild Nordeuropas« (290 – es maß 2,50 x 3,57 Meter), die Forschungen über »die erhabenste Schöpfung der gesamten lübeckischen und niederländischen Malerei des Mittelalters« einer kritischen Würdigung. Tamara Thiesen stellt die Figuren Benedikt Dreyers am Lettner und an der Orgel in ihrer psychologisierenden Sicht (190) als Zeugnisse eines neuen Menschenbildes eines selbstbewussten Künstlers heraus. In Hildegard Vogelers Beitrag über ›Das Olavs-Retabel der Bergenfahrer von Hans Kemmer und die Auswirkung der Reformation auf die Kirchenausstattung‹ wird das Hauptwerk des Malers in den Blick genommen, das sie m. E. mit Recht nicht als von reformatorischer Theologie geprägt bestimmt, aber auch das Ende der Herrlichkeit dieser späten Blüte der Bilder in der vorreformatorischen Kirche thematisiert – nach der Reformation gab es »keine echten großen Impulse für die sakrale Kunst und eine neue Ausstattung der Kirchen« (237) mehr, aber eben auch keinen Bildersturm. Sandra Braun kann darum Erwägungen zum Sakralraum als

Buchbesprechungen

Erinnerungsraum in nachreformatorischer Zeit anstellen, wobei sie Impulse Otto Gerhard Oexles und anderer auf die Nutzung der Räume und Bildwerke anwendet. Farbtafeln und die Ausstellungsdokumentation beschließen den Band.

Das Buch stellt ein nötiges und gelungenes Supplement zum zweiten Band des Corpus der mittelalterlichen Holzskulptur und Tafelmalerei von 2012 (vgl. Christiana Albertina 76, 2013, 49) dar. Dass die Anmerkungen im selben Schriftgrad wie der Text erscheinen, ist lesefreundlich, aber vielleicht doch nicht erforderlich. Für Kenntnis und Verständnis der Kunst in Lübeck um 1500, ihr Profil, ihre Qualität und ihren sozialen Kontext, ist der Band unentbehrlich.

Johannes Schilling

Julia Trinkert Flügelretabel in Mecklenburg zwischen 1480 und 1540. Bestand, Verbreitung und Werkstattzusammenhänge.
Petersberg: Imhof 2014
(Studien zur internationalen Architektur- und Kunstgeschichte 120).
464 S., Abb., geb., 99,00 Euro.
ISBN 978 3 86568 987 0

Dieses reich und hochwertig bebilderte, gewichtige Buch lädt den Leser ein, die spätgotischen Retabel in Mecklenburg und die komplexen Zusammenhänge ihrer Fertigung, Verbreitung und Überlieferung kennenzulernen. Dank der Fotos, der anschaulichen Diagramme und Tabellen sowie der übersichtlichen Gliederung lassen sich die umfangreichen Forschungsergebnisse der Autorin sehr gut nachvollziehen. Die Arbeit entstand als kunsthistorische Dissertation an der Christian-Albrechts-Universität, betreut von Uwe Albrecht, und wurde 2013 mit dem Fakultätspreis der Philosophischen Fakultät ausgezeichnet. Schon Julia Trinkerts Magisterarbeit war einem aus Mecklenburg stammenden Retabel gewidmet und liegt in Form eines Buches vor (›Das Marienkrönungsretabel in der Kirche zu Källunge [Gotland] und seine mecklenburgische Provenienz‹, Kiel 2011 (vgl. Christiana Albertina 73, 2011, 83). Seit 2013 bringt Julia Trinkert ihre Fachkenntnis in das von Uwe Albrecht geleitete DFG-Forschungsprojekt ein, das an einem vollständigen ›Corpus der mittelalterlichen Holzskulptur und Tafelmalerei in Schleswig-Holstein, 1100-1535‹ arbeitet (vgl. zuletzt Christiana Albertina 76, 2013, 49).

Mecklenburg stand bisher in der Forschung eher im Schatten Lübecks, das auch hinsichtlich der Retabel das Zentrum des Ostseeraums ausmachte und durch Exporte nach außen wirkte – die spätmittelalterliche Kunstproduktion in Mecklenburg blieb demgegenüber hinsichtlich Qualität und Umfang zurück. Der Autorin gebührt nun das Verdienst, für die Zeit um 1500 diese Forschungslücke geschlossen zu haben: Erstmals hat sie die Mecklenburger Retabel dieser Zeit systematisch vergleichend untersucht. Vorherige Einzelstudien galten vor allem der Blütezeit der Retabel in der Mitte des 15. Jahrhunderts sowie den großen mecklenburgischen Küstenstädten Wismar und Rostock. Hier gelangen nun auch die kleineren Landstädte, in denen bisher zum Teil gar keine Werkstätten zu vermuten waren, in den Blick. Zudem wird die Zeit um 1500 als eine zweite Blütezeit der Retabelkunst herausgearbeitet.

Wichtige, überraschende Erkenntnisse präsentiert die Autorin zu den Auswirkungen der in Mecklenburg sehr späten flächendeckenden Einführung der Reformation (1549): Während andernorts die Handwerker in Folge der neuen Lehre unter einem Rückgang oder völligen Abbruch von Aufträgen für Heiligenfiguren zu leiden hatten, kam es hier noch zu einer späten Blütezeit in den kleineren Landstädten – auch dank der wirtschaftlichen Prosperität der Auftraggeber. So wurde Mecklenburg (Parchim, Güstrow) um 1530 Anziehungspunkt für Gesellen, die in Süddeutschland, Skandinavien oder größeren Städten der Umgebung keine Aufträge mehr erhielten.

Im Teil I des Buches erläutert die Autorin das methodische Vorgehen, die historischen und kirchenhistorischen Grundlagen der Erfassung sowie die Auswirkungen der Reformation auf den heutigen Bestand (etwa durch Abbruch vieler Retabel mit Marien-Themen). Die geographische Verteilung der Retabel, die Verluste und Umarbeitungen bzw. Translokationen nach der Reformation werden umfassend untersucht.

Teil II – der kunsthistorische Hauptteil – befasst sich mit der Werkstattorganisation und grenzt zunächst die einzelnen beteiligten Gewerke voneinander ab (Maler, Bildschnitzer, Schreiner, Kistenmacher), behandelt die Frage der Auftragsvergabe und der Arbeitsteilung. Des Weiteren erläutert die Autorin die Basis für ihre Werkzuschreibungen so präzise und anschaulich, dass der Leser hier alle Schritte nachvollziehen kann und nicht einfach – wie früher oft üblich – auf die Kennerschaft der Spezialistin in Stilfragen vertrauen muss. Dies vollzieht sie auf mehreren Ebenen: 1. für die Retabel, ihre Einteilung, Maße und Konstruktion, 2. für die Holzskulptur sowie deren Fassung und 3. für die Malereien. Im Anschluss werden die Ergebnisse, d. h. die Werkstattzusammenhänge, nach größeren und kleineren Zentren vorgestellt; hervorzuheben ist die anschauliche Darstellung ihrer regionalen Absatzgebiete.

Julia Trinkert verfolgt die werkorientierte Herangehensweise und bildet auf deren Grundlage Werkgruppen. Dieses Verfahren ersetzt das traditionelle Modell der Zuschreibung an einen Meister, seine Gesellen bzw. seinen ›Umkreis‹, weil mit derart hierarchischen und konstanten Verhältnissen in einer Werkstatt nicht einfach gerechnet werden kann und weil häufig weder schriftliche Quellen noch Stilkritik wirklich eindeutige Ergebnisse liefern. Die Werkgruppen werden getrennt nach Holzskulptur und Malereien gebildet, da sie jeweils aus unterschiedlichen Werkstätten stammen können, etwa wenn Unterverträge mit anderen Gewerken geschlossen wurden.

Vor der Lektüre des Katalogs ist es hilfreich, dies zu verstehen, denn hier wird kein vollständiges Inventar geboten, sondern es sind jene Werke aufgeführt, welche mecklenburgischen Werkgruppen zugeordnet werden konnten, so dass sich Kunstzentren und ihre Verbreitungsgebiete identifizieren lassen. Bei der Benennung als »Werkgruppe« bleiben im Übrigen weiterführende Fragen offen, die aufgrund der Quellenlage nicht ausreichend zu klären sind: Können sie mit einem Werkstattbetrieb gleichgesetzt werden oder können mehrere Werkstätten sehr ähnliche Werke liefern? Gab es einen »Werkstattstil«? Oder konnten in einer Werkstatt auch verschiedene Stile vertreten sein, etwa entsprechend der Nachfrage (221)?

In Teil III schließlich wird der stilistische Einfluss aus anderen Regionen untersucht und neu gewichtet. Hervorgehoben werden Einflüsse aus Lübeck, Hamburg, Braunschweig und Hildesheim. Trotz starker stilistischer Verhaftung in der Tradition des 15. Jahrhunderts kam es am Beginn des 16. Jahrhunderts durch Einwanderung von Handwerkern auch zu Einflüssen aus der Donauregion und Süddeutschland.

Im Katalog sind 129 Retabel übersichtlich und präzise dokumentiert und illustriert. Er nimmt etwa zwei Fünftel des Bandes ein.

Das Buch wird ganz sicher ein hervorragendes Arbeitsmittel und Nachschlagewerk für Kunsthistoriker, Denkmalpfleger und Restauratoren werden und zudem die Grundlage für weiterführende Untersuchungen und Vergleiche bieten. Nicht zuletzt kommt der Wunsch nach einer Fortsetzung für die Retabel der Zeit vor 1480 in Mecklenburg auf.

Antje Heling-Grewolls, Schwerin

Lektüreempfehlungen aus der Christian-Albrechts-Universität

Klaus Gereon Beuckers (Hrsg.)
St. Servatius zu Quedlinburg. Studien zum gotischen Retabel und zum Hochaltar der Stiftskirche
Kiel: Ludwig 2015 (Kieler Quedlinburg-Forschungen 2)
64 S., Abb., 18,90 Euro.
ISBN 978 3 86935 264 0

Nach einem ersten Heft zur Baugeschichte der Stiftskirche (vgl. Christiana Albertina 78, 2014, S. 86) liegt nun ein zweites mit Forschungen über die Hochaltäre in der Quedlinburger Stiftskirche vor, insbesondere über das gotische Kreuzigungsretabel, das sich seit 1976 auf dem Hochaltar in der Kirche befindet. Der Hauptbeitrag von Nora Busse ›Das Kreuzigungsretabel aus Sangerhausen auf dem Quedlinburger Hochaltar‹ – eine für den Druck überarbeitete Bachelorarbeit – lokalisiert das Werk aus der ehemaligen Augustiner-Eremitenkirche, das sic um 1485/95 datiert und mit der Amtszeit eines Priors mit Beziehungen nach Nürnberg in Zusammenhang bringt, in den Umkreis der Nürnberger Maler Hans Pleydenwurff und Michael Wolgemut. Beuckers' eigener Beitrag ›Der Quedlinburger Hochaltar und seine Retabel im Mittelalter, im Barock und im 20. Jahrhundert‹ rekonstruiert die verschiedenen Werke, die sich seit dem 11. Jahrhundert am Platz des Hochaltars befanden. Während zu den frühen Ausstattungen die Quellen weitgehend fehlen, ist der 1689-93 entstandene, 1874 abgebrochene, aber in Teilen in Heiligenstadt erhaltene barocke Hochaltar gut dokumentiert. Die Schändung der Kirche durch die SS nach 1938 hat bis heute Spuren hinterlassen; mit der Aufstellung des Sangerhäuser Retabels erhielt der Raum einen Teil seines geistlichen Charakters zurück. Besonders aufschlussreich sind Beuckers' Ausführungen über die Werkstätten im Harzraum im 17. Jahrhundert und die konfessionellen Kontexte der Entstehung der Altäre in dieser Zeit. Am Ende des Heftes steht ein kleiner Aufsatz von Lydia Zander über ›Das Laurentius-Reliquiar im Schatz der Stiftskirche zu Quedlinburg. Bemerkungen zur Bildlichkeit und Form‹, einen »ungewöhnlichen Reliquiar-Typus«, den die Autorin als »verszentes« Reliquiar bezeichnet und an dem sie die Frage nach der Präsenz des Heiligen stellt und zu beantworten versucht.

Das mit schwarz-weiß und farbigen Abbildungen, überwiegend von der Kieler Institutsfotografin Kathrin Ulrich, üppig versehene Heft über die Stiftskirche ist in allen seinen Teilen ein veritabler Beitrag zur Forschung. Es gibt gerade zu dieser Kirche noch reichlich Forschungsbedarf. Der Druck wurde erneut von der Grote-Stiftung für kunsthistorische Forschung unterstützt. Auf weitere Hefte darf man gespannt sein.

Uwe Albrecht, Regina Becker (Hrsg.) Kiel. Urbaner Raum im Zeichen des Meeres.
Regensburg: Schnell + Steiner 2015.
128 S., brosch., 39,95 Euro.
ISBN 978 3 7954 2963 8

Das schöne Buch – auf den Innenseiten der Klappenbroschur finden sich Ansichten des »Stadttheaters« – bietet Vorträge, die aus Anlass des einhundertjährigen Bestehens des Kieler Rathauses 2011 gehalten wurden, im Rahmen der Initiative ›architectura‹ des Kunsthistorischen Instituts, der Arthur-Haseloff-Gesellschaft und der Architekten- und Ingenieurkammer Schleswig-Holstein, mit Unterstützung der Kunststiftung HSH Nordbank und anderer.

Uwe Albrecht skizziert die baulichen Veränderungen Kiels seit 1867; eine willkommene Beigabe zu seinen Ausführungen bilden die zahlreichen Reproduktionen historischer Ansichtskarten. Deert Lafrenz behandelt in seinem zentralen Beitrag das Kieler Rathaus als »ein Monument der frühen Moderne«, und Lars Olof Larsson stellt Kiel die Topographie Stockholms und Kopenhagens gegenüber. Der Stadtplaner Dieter J. Mehlhorn führt einen Dialog mit sich selbst über Stadtentwicklung und Planungskultur in Kiel – da gibt es neben Beschämendem auch Lichtblicke. Wer die Stadt und ihre Geschichte (besser) verstehen will, wird in diesem Buch gut bedient.

Wilhelm Knelangen und Birte Meinschien (Hrsg.) »Lieber Gayk! Lieber Freund!« Der Briefwechsel zwischen Andreas Gayk und Michael Freund von 1944 bis 1954
Kiel: Ludwig 2015
(Sonderveröffentlichungen der Gesellschaft für Kieler Stadtgeschichte 78)
112 S., brosch., 14,90 Euro.
ISBN 978 3 86935 269 5

Das kleine Buch enthält die Briefe zwischen dem ersten Kieler Oberbürgermeister nach dem Zweiten Weltkrieg und dem ersten Lehrstuhlinhaber für Politische Wissenschaft, der Freund nicht ohne kräftige Mitwirkung Gayks werden sollte. Gayk, geboren 1893 in Kiel, kam aus kleinen Verhältnissen und trat früh der SPD bei, wo er dem 1902 geborenen Bayern begegnete, bei 1925 bei Hermann Oncken promoviert, sich 1938 bei Gerhard Ritter in Freiburg habilitierte, ohne damals die Lehrbefugnis zu erhalten. Nach dem Krieg hatten die beiden Neues vor – und das gelang ihnen in erstaunlichem Maße. Die Briefe sind aus verschiedenen Quellen und Nachlässen zusammengetragen, die Einleitung ist präzise, die Erläuterungen sind hilfreich. Am eindrucksvollsten wird wohl Gayks Ausspruch bleiben, die Universität sei noch 1946 »noch immer ein politischer Saustall" (23) – wer ihn reinigen will, sollte einen nicht zu groben Besen benutzen.

In memoriam

Am 14. März 2015 verstarb
**Prof. Dr. med.
Dieter Regensburger**
im Alter von 80 Jahren.

Dieter Regensburger wirkte in Kiel von 1977 bis 1999 als Universitätsprofessor und Stellvertretender Direktor der Klinik für Herz- und Gefäßchirurgie der Medizinischen Fakultät der Christian-Albrechts-Universität.

Geboren am 1. September 1934 in Göttingen als Sohn eines Chirurgen, erhielt Dieter Regensburger wesentliche Teile seiner schulischen Ausbildung in Berlin. Den vorklinischen Teil des Medizinstudiums absolvierte er zwischen 1954 und 1956 in Göttingen. Im Anschluss daran wechselte er erneut nach Berlin, um den klinischen Abschnitt seines Studiums zu vollenden. Seinen schon früh gefassten Entschluss, Chirurg zu werden, konkretisierte er mit Beginn der allgemeinchirurgischen Ausbildung im Städtischen Krankenhaus Berlin-Wilmersdorf. Neben einer breit angelegten praktischen Ausbildung interessierten ihn schon frühzeitig wissenschaftliche Fragestellungen. Zur Komplettierung der chirurgischen Ausbildung wechselte Dieter Regensburger an die Klinik für Thorax-, Herz- und Gefäßchirurgie der Universität Göttingen. Den Facharzt für Chirurgie erhielt er am 3. Juli 1967. Auf dieser soliden und breit angelegten Qualifikation begann er seine klinische und wissenschaftliche Spezialisierung und Profilierung. Unter Einfluss von herausragenden Persönlichkeiten der entsprechenden Fachgebiete (Professor Koncz, Professor Brettschneider) widmete er sich speziellen klinischen und basiswissenschaftlichen Fragestellungen in Zusammenhang mit der extrakorporalen Zirkulation. Dabei kamen eigene Projekte in einem interdisziplinären Sonderforschungsbereich der Universität Göttingen zustande. Seine konsequente wissenschaftliche Arbeit führte zu seiner Habilitationsschrift über ›Myokarddurchblutung und Stoffwechselparameter im arteriellen Blut bei Hämodilutionsperfusion‹, so dass ihm am 5. Februar 1974 die Venia legendi für Chirurgie verliehen wurde.

1977 nahm Dieter Regensburger den Ruf auf die C3-Professur der Klinik für Herz- und Gefäßchirurgie an der Christian-Albrechts-Universität (damaliger Direktor: Prof. Dr. Alexander Bernhard) an und war am Aufbau der Klinik und ihrer Entwicklung ganz wesentlich beteiligt. Neben einem umfangreichen Operationsspektrum entwickelte er bereits in Göttingen ein besonderes Interesse für die sich entwickelnde Kinderherzchirurgie und die arterielle Gefäßchirurgie. In wissenschaftlicher Selbständigkeit und enger Kooperation mit Prof. Bernhard wurde sowohl ein überregionales renommiertes Programm zur Versorgung kongenitaler Herzvitien etabliert als auch eine universitäre Gefäßchirurgie. Über die Jahre ist damit ein besonderes klinisch-wissenschaftliches Profil der Klinik entstanden, was auch nach Neubesetzung des Lehrstuhls als Aushängeschild der Klinik gilt.

Als kommissarischer Direktor der Klinik für Herz- und Gefäßchirurgie hat Dieter Regensburger wesentliche Strukturmaßnahmen zu Ende gebracht bzw. in einen Routinebetrieb integriert. So ist es insbesondere ihm zu verdanken, dass der kinderherzchirurgische Schwerpunkt der Klinik in ein modernes integriertes Versorgungskonzept mit struktureller Einheit von kinderherzchirurgischen Operationssälen, Kinderherzintensivmedizin und Kinderkardiologie innerhalb der Kinderklinik eingebunden ist. Diese Maßnahmen führten dazu, dass ein Norddeutsches Kinderherzzentrum zustande kam, das zu den sieben größten Einheiten in Deutschland gehört. Neben seiner klinisch-chirurgischen Tätigkeit, die Regensburger bis zum Ruhestand ambitioniert ausübte, war er kontinuierlich in der akademischen Lehre und in der chirurgischen Weiterbildung jüngerer Kollegen engagiert. Seine chirurgischen Schüler sind heute in maßgeblichen leitenden Positionen der Herz- und Gefäßchirurgie, zum Teil auch an universitären Einrichtungen tätig.

Neben den vielen wissenschaftlichen Publikationen hat er als besonderen beruflichen Abschluss das Lehrbuch ›Chirurgie systematisch‹ herausgegeben. Zu Ehren seiner Emeritierung am 30. September 1999 veranstaltete die Klinik ein Symposium zur chirurgischen Korrektur der Fallot'schen Tetralogie, und im Ruhestand erarbeitete er die Neuauflage seines Lehrbuches im Jahre 2005. Als langjähriges Mitglied der Deutschen Gesellschaft für Thorax-, Herz- und Gefäßchirurgie war er auch nach seiner Emeritierung im Ältestenrat der Fachgesellschaft tätig.

Den persönlichen Kontakt zu vielen Mitarbeitern der Klinik hat Dieter Regensburger über die letzten Jahre bewahrt, und er war ein gern gesehener Gast bei allen Veranstaltungen der Klinik. Die private Verbindung zur Kunst über seine Frau Christine und seine drei Söhne Marcus, Fabian und

In memoriam

Tobias gab ihm wesentliche Impulse für seine persönliche Ars vivendi, die »nach der Medizin« zu einer vielleicht attraktiveren Lebensqualität geführt haben.

Die Kieler Universität und das Universitätsklinikum haben mit Dieter Regensburger eine herausragende Persönlichkeit als Herz- und Gefäßchirurg verloren; er wird mit seiner chirurgischen Kompetenz, Fairness und Warmherzigkeit in dankbarer Erinnerung bleiben.

Jochen Cremer und Jens Scheewe

Am 3. Oktober 2015 verstarb
Prof. Dr. phil. Klaus Westphalen
im Alter von 83 Jahren.

Klaus Westphalen war Altphilologe und Pädagoge. Sein Wirken und sein Werk fußen auf einem Humanitätsideal, das wesentlich von der griechischen Klassik und von dem Bildungsdenken Wilhelm von Humboldts geprägt ist. Als Pädagoge besaß er die Fähigkeit, Menschen auf den Weg zur Bildung zu führen und als Philologe, kritisch und systematisch zu argumentieren.

Von 1981 bis zu seiner Emeritierung 1996 forschte und lehrte er in Kiel, zunächst an der Pädagogischen Hochschule und nach deren Überleitung am Institut für Pädagogik der Universität. Vor seinem Ruf auf den Kieler Lehrstuhl arbeitete er als Lehrer für alte Sprachen am Wilhelmsgymnasium München, dann an der Deutschen Schule von Windhuk/Namibia und anschließend ab 1970 als Referent sowie als Abteilungsleiter für die Curriculumentwicklung im Bayerischen Staatsinstitut für Lehrerbildung. Seinen Lebensabend verbrachte er in Garmisch-Partenkirchen sowie auf zahlreichen Reisen. Bei dem Aufbruch zu einer weiteren Reise starb er plötzlich und unerwartet nach einem erfüllten Leben.

Der deutschen Curriculumforschung in den 70er und 80er Jahren gab er mit dem Konzept der curricularen Lehrpläne wichtige Impulse. Er zeigte damit auf, dass sich der Gegensatz von klassischem Lehrplandenken und der Curriculumforschung auflöst, wenn die Dignität eines Aufgabenverständnisses allgemeiner Bildung ebenso anerkannt und kritisch genutzt wird wie die ergebnisorientierte Begleitung schulischer Arbeit. Seine Arbeiten zur Theorie der Schule standen in enger Verbindung mit der Curriculumforschung. Hier wies er nach, dass die Auseinandersetzung mit dem christlich-abendländischen Bildungskanon eine notwendige Bedingung der Schulentwicklung darstellt.

Die Bearbeitung der schulpädagogischen Folgen seiner Forschung, insbesondere die Bedeutung Allgemeiner Bildung, stand im Zentrum seiner Lehre. Seine Hauptseminare für die Studierenden aller Lehrämter, in denen er sich mit der pädagogischen Verantwortung und den klassischen Bildungsvorstellungen bei Wilhelm von Humboldt beschäftigte, waren durchgängig ungewöhnlich stark besucht. Hier gelang es ihm immer wieder, die Studierenden in fruchtbare Auseinandersetzungen mit den Quellentexten und damit auch zur eigenen schulpädagogischen Positionsbestimmung zu führen.

In der Hochschulpolitik wirkte er als Mitglied des Senats und des Konsistoriums sowie als Geschäftsführender Institutsleiter. Externe Aufgaben übernahm er in der Zeit der Wiedervereinigung neben der Kooperation mit der Universität Rostock vor allem als Mitglied der Gründungskommission der Erziehungswissenschaftlichen Fakultät der Universität Leipzig.

Während seines gesamten beruflichen Lebens arbeitete Klaus Westphalen auch als Altphilologe. Für den gymnasialen Unterricht der alten Sprachen leistete er wesentliche Beiträge. Dies gilt, neben seiner Tätigkeit im Deutschen Altphilologenverband, vor allem für seine Tätigkeit als Autor maßgeblicher Lehrwerke des Lateinunterrichts. Seine Lehrbuchreihen Ratio, Roma und Felix, die er in Verbindung mit dem Buchner Verlag entwickelte und erarbeitete, stellen mit einer Auflage von über 3,5 Millionen Exemplaren die bestimmenden Werke für den deutschen Raum dar. Hierbei ragt die Reihe Roma mit mehr als 1,5 Millionen Exemplaren heraus.

Klaus Westphalen engagierte sich in allen Aufgabenbereichen seines Lebens mit Herzlichkeit und Ausstrahlung. Auseinandersetzung führte er stets kritisch, konstruktiv und debattenfreudig. Bei normativen Kontroversen vertrat er seine Position streitbar auf ethischer Grundlage. Die Position Humboldts – so viel als möglich von der Welt ergreifen und so eng als möglich an sich binden – war für ihn leitend. Mit seinem Leben widerlegte er die immer wieder geäußerte Kritik, diese Position sei unpolitisch und individualistisch.

Jürgen Wiechmann, Landau

Würdigungen zu 70. Geburtstagen

Prof. Dr. iur. Dr. h.c. mult. Robert Alexy
vollendete am 9. September 2015 sein 70. Lebensjahr.

Nach Promotion und Habilitation bei Ralf Dreier in Göttingen, seit 1986 Ordinarius für Öffentliches Recht und Rechtsphilosophie in Kiel, ist Robert Alexy der Christian-Albrechts-Universität trotz mehrerer Rufe aus dem In- und Ausland treu geblieben und hat zugleich den Namen Kiels in die Welt getragen. Sein Einfluss auf die internationale Rechtstheorie und Rechtspraxis ist kaum zu überschätzen. Eine große, über den ganzen Globus verteilte Schar von Schülern arbeitet daran, seine Ideen fortzuentwickeln, an einzelnen Gegenstandsgebieten zu bewähren und auch durch pointierte Kritik auf die Probe zu stellen. Äußere Anzeichen der immensen Wertschätzung, die Alexy weltweit entgegengebracht wird, sind die zahlreichen ihm verliehenen Ehrungen. Hervorzuheben sind vor allem die (bislang) 14 Ehrendoktorwürden ausländischer Universitäten, das Bundesverdienstkreuz erster Klasse und die Wissenschaftsmedaille der Stadt Kiel.

Alexys Werk ruht auf drei großen Säulen:

(1) auf einer Theorie der juristischen Argumentation, deren Grundidee er bereits in seiner preisgekrönten Dissertation formuliert hat und die das methodologische Fundament seiner Arbeit bildet. Sie entwirft in Auseinandersetzung mit der Universalpragmatik von Jürgen Habermas die Regeln des allgemeinen praktischen und (als Sonderfall) des juristischen Diskurses, auf die sich alle Diskursteilnehmer vernünftigerweise einlassen müssen,

(2) auf der Prinzipien- oder Abwägungstheorie, die er im Rahmen seiner Habilitationsschrift entwickelte und die den normtheoretischen Grund für seine Analyse des Staatsrechts, insbesondere der Grundrechte, legt. Sie basiert auf einer durch Ronald Dworkin in die rechtsphilosophischen Debatten eingeführten, aber kaum weiter entfalteten Figur: der Differenz zwischen Regeln und Prinzipien. Regeln sind definitive Gebote, die entweder erfüllt oder nicht erfüllt werden. Prinzipien dagegen bezeichnen Optimierungsgebote, die auch nur näherungsweise verwirklicht und deswegen, wo sie konflikthaft aufeinander treffen, zu einem angemessenen Ausgleich gebracht werden können. Solche Prinzipien sind für Alexy die Grundrechte. Damit liefert er die normtheoretische Begründung für das, was Konrad Hesse als Ziel der Grundrechtsjudikatur des Bundesverfassungsgerichts auf den Begriff der »praktischen Konkordanz« gebracht hat,

(3) auf der Widerlegung eines rein positivistischen Rechtsverständnisses, die Alexys rechtsphilosophisches Lebensthema bildet. Dabei knüpft Alexy an Gustav Radbruchs berühmte Formel an, der zufolge in unerträglichem Ausmaß ungerechtes Recht nicht nur moralisch verwerflich ist, sondern seinen Charakter als Recht verliert. Alexy übernimmt die Formel nicht nur, sondern begründet ihre Notwendigkeit: zum einen durch den unhintergehbaren systemischen »Richtigkeitsanspruch« des Rechts, zum anderen aus der Struktur der juristischen Entscheidung heraus, die Freiräume lasse, die auch mit Hilfe moralischer Erwägungen geschlossen werden müssen.

Die drei Säulen stehen nicht unverbunden nebeneinander, sondern erhalten ihre Relevanz aus ihrem Zusammenspiel. So dient die Abwägung nicht allein dazu, Prinzipienkonflikte innerhalb des Rechts einer methodisch geschulten Lösung zuzuführen. Ihr kommt zudem die Funktion zu, die nachgewiesene Notwendigkeit, die rechtlichen Erwägungen mit moralischen Gründen zu ergänzen, rational zu organisieren. Innerhalb dieser Abwägung hat die juristische Argumentation die Aufgabe, die Bestimmung des Gewichts der einzelnen – ob moralischen oder juristischen – Positionen (und damit letztlich die Präferenzentscheidungen zugunsten einer Position) auf rational nachvollziehbare Weise zu begründen.

Im Ganzen geht es Alexy um etwas, was er selbst als »Institutionalisierung der Vernunft« bezeichnet hat. »Vernunft« meint hier das Denknotwendige, apriorisch Feststehende, auf das alle Einsicht zurückgehen muss. Zu diesem Denknotwendigen zählt Alexy auch die formale Logik, ohne aber diese selbst für das Ganze zu nehmen: An Frege geschult, verweist Alexy darauf, dass die Logik nur ein (als solches unentbehrliches) Hilfsmittel für einen klar umgrenzten Kreis von Aufgaben ist. Deswegen erschöpft sich die Aufgabe der Rechtstheorie nicht darin, eine »Juristische Logik« auszubilden; diese muss durch die skizzierten Verfahren der Argumentation und Abwägung ergänzt werden, um erst auf diese Weise die intendierte vollständige »Institutionalisierung der Vernunft« zu gewährleisten.

Persönlich wie im Sinne der Rechtswissenschaft und der Rechtsphilosophie bleibt nur zu wünschen: ad multos annos!

Ino Augsberg

Würdigungen zu 70. Geburtstagen

Prof. Dr. rer. nat. Dr. h.c. Wulf Depmeier
vollendete am 25. November 2014 sein 70. Lebensjahr.

Wulf Depmeier wurde 1944 in Sulingen geboren; nach seiner Schulzeit in Bremen studierte er von 1965 bis 1971 Mineralogie an der Universität Hamburg und der Eidgenössisch Technischen Hochschule in Zürich. Anschließend folgte seine Doktorandenzeit am Institut für Mineralogie der Universität Hamburg bei Prof. Horst Saalfeld. Nach einer fünfjährigen Assistenzzeit an der Fakultät für Chemie der Universität Konstanz ging er 1978 zu Prof. Hans Schmid an die Universität Genf, wo er sich 1983 habilitierte. Die Jahre in Genf haben seine weitere wissenschaftliche Arbeit maßgeblich geprägt. Minerale mit komplexen aperiodischen Strukturen, insbesondere die Sodalithe, eine Mineralgruppe der Silikate, haben ihn von Beginn an fasziniert und ihre Faszination auch in den folgenden Jahren seiner wissenschaftlichen Arbeiten nie verloren.

Nach einer Zwischenstation an der Universität Karlsruhe erhielt Wulf Depmeier 1987 einen Ruf auf die C3-Professur für Kristallographie an die Technische Universität Berlin. Den dortigen Lehrstuhl leitete er bis zu seinem Wechsel nach Kiel. 1992 wurde er als Nachfolger von Prof. Friedrich Liebau auf die C4-Professur für Kristallographie an die Kieler Universität berufen, die er bis zu seiner Pensionierung im Jahre 2010 innehatte. Neben seinem Engagement in der Forschung und Lehre hat sich Wulf Depmeier immer auch für die Belange der Christian-Albrechts-Universität eingesetzt. Von 2000-2002 war er Prodekan und von 2002-2004 Dekan der Mathematisch-Naturwissenschaftlichen Fakultät.

Wulf Depmeier hat die nationale und internationale Kristallographie bedeutend mitgestaltet. Mit seinen mehr als 270 wissenschaftlichen Publikationen in anerkannten internationalen Fachzeitschriften hat er sowohl nationale als auch internationale Aufmerksamkeit auf sich und die Christian-Albrechts-Universität lenken können. Aufgrund seiner herausragenden wissenschaftlichen Expertise ist er ein gefragter Fachgutachter für nationale und internationale Forschungsvorhaben. So war er von 1992 bis 2000 Mitglied des Fachgutachterausschusses der Deutschen Forschungsgemeinschaft (DFG), und seit 2014 ist er als Gutachter für das Bundesministerium für Bildung und Forschung (BMBF) tätig.

Neben seinem Engagement für die reine Wissenschaft hat er sich auch immer dafür stark gemacht, die Schönheit der Minerale und ihrer Kristallstrukturen einem breiten Publikum nahezubringen. Kunst und Kristallographie zu verbinden, das war sein Ziel, das er mit zahlreichen Ausstellungen im Kieler Schloss, im Warleberger Hof oder im Sophienhof verfolgte.

Wulf Depmeier war und ist Mitglied zahlreicher nationaler und internationaler Fachgremien. Als Vorsitzender der Deutschen Gesellschaft für Kristallographie (DGK) hat er von 2003-2006 maßgeblich dazu beigetragen, die Kristallographie heute zu einem modernen interdisziplinären Forschungsgebiet weiterzuentwickeln. Von 2005 bis 2008 war er Vorsitzender der Special Interest Group Mineralogical Crystallography und von 2009 bis 2012 gewähltes Mitglied des Exekutivkomitees der European Crystallographic Assoziation (ECA). Seit 2011 ist er gewähltes Mitglied im Exekutivkomitee der International Union of Crystallography (IUCr), die die Interessen der rund 15.000 Kristallographinnen und Kristallographen weltweit vertritt.

Insbesondere durch seine Mitarbeit in diesen europäischen und internationalen Gremien sowie seine vielfältigen internationalen Kontakte konnte er in Kiel eine international anerkannte Forschung und Lehre etablieren. Sein besonderes Engagement galt dabei der Zusammenarbeit von Wissenschaftlern aus Deutschland mit Russland und Marokko. In Würdigung dieses Engagements wurde ihm im Jahr 2006 die Ehrendoktorwürde der Staatsuniversität St. Petersburg verliehen.

Ich wünsche Wulf Depmeier, dass ihm sein Interesse an der Forschung noch lange erhalten bleibt, und er mit seiner Expertise und seinem Engagement nachfolgenden Generationen an Wissenschaftlern auch weiterhin ein Vorbild und Ansprechpartner sein wird.

Hannelore Katzke, Berlin

Würdigungen zu 70. Geburtstagen

Prof. Dr. phil. Roman Ferstl vollendete am 12. Juni 2015 sein 70. Lebensjahr.

Der gebürtige Wiener studierte zwischen 1964 und 1968 Psychologie an der Universität Wien, wo er 1968 promoviert wurde. Es schloss sich eine zweijährige Assistenzzeit bei seinem Doktorvater, Professor Hubert Rohracher, an.

Von 1970 bis 1980 arbeitete er als Wissenschaftlicher Mitarbeiter unter den Direktoren Ploog und Brengelmann am Max-Planck-Institut für Psychiatrie in München, wo er sich 1978 habilitierte. In dieser Zeit lagen auch längere Forschungsaufenthalte am Maudsley-Institut in London bei Prof. Eysenck sowie an der University of California, L.A., bei Prof. Liberman.

1980 folgte er einem Ruf auf eine C4-Professur für Klinische Psychologie an der Universität Trier, die er bis 1985 innehatte, bevor er den Ruf auf die C4-Professur für Klinische Psychologie an der Christian-Albrechts-Universität annahm. Weitere Rufe auf Lehrstühle an der Humboldt-Universität Berlin und der Universität Tübingen lehnte er ab. Ein Vierteljahrhundert prägte er maßgeblich das Psychologische Institut der Kieler Universität und engagierte sich auch als Prodekan. Er hatte zahlreiche Ehrenämter inne, war Vorstandsmitglied, Vizepräsident und Ehrenmitglied der DGPs, Präsident der Deutschen Gesellschaft für Verhaltensmedizin und Verhaltensmodifikation sowie Fachgutachter der DFG. Er fungierte als Herausgeber bzw. Mitherausgeber zahlreicher Fachzeitschriften und Bücher und publizierte mehr als 200 Beiträge in Fachbüchern sowie nationalen und internationalen Fachzeitschriften.

Roman Ferstl forschte über ganz unterschiedliche Themen, die auf den ersten Blick kaum Gemeinsamkeiten aufzuweisen scheinen. So interessierte er sich u. a. für Essstörungen, Suchterkrankungen, Psychophysiologie der Emotionen, Psychotherapieforschung, olfaktorische Wahrnehmung und Psychoneuroimmunologie sowie ganz allgemein für die Zusammenhänge zwischen Gehirn und Verhalten. Die gemeinsame Klammer war der empirisch experimentelle Forschungsansatz. Entsprechend seinem breit gefächerten Interessensspektrum setzte er schon frühzeitig auf interdisziplinäre Forschung und hatte zahlreiche intensive Arbeitskontakte insbesondere zur Medizinischen Fakultät der Universität. Eine langjährige und fruchtbare Zusammenarbeit verband ihn mit dem Kieler Institut für Immunologie unter der Leitung von Prof. Dr. Dr. h.c. mult. Wolfgang Müller-Ruchholz.

Die Lehre war für Roman Ferstl eine Herzensangelegenheit. Sein Anspruch war, dass seine Vorlesung den allerneusten wissenschaftlichen Stand widerspiegeln sollte. Befunde und Sachverhalte auf experimenteller und empirischer Basis wurden dargestellt und ihr Bezug zur Praxis wurde unter Berücksichtigung interdisziplinärer Aspekte diskutiert.

Zahlreiche Forschungsprojekte wurden von der DFG, der VW-Stiftung u. a. gefördert. Diese Drittmittel, sein Charisma und sein selbstverständlicher Wunsch, den Nachwuchs zu fördern, führten zu seiner großen Beliebtheit bei Studierenden. Er betreute zahlreiche Diplomanden, mehr als 100 Doktoranden sowie ein halbes Dutzend Habilitanden. Ein großer Teil dieses wissenschaftlichen Nachwuchses waren Frauen.

Ein besonderes Anliegen galt der Psychotherapie. Die Behandlung psychischer Störungen durch wissenschaftlich geprüfte Verfahren war für ihn ein wichtiges Ansinnen. Auch deshalb gründete er schon 1990 das gemeinnützige Kieler »Institut für Therapie- und Gesundheitsforschung« (IFT-Nord), das seitdem die postgraduale Aus- und Weiterbildung von Psychologen und Medizinern in der Verhaltenstherapie sicherstellt. Es verwundert daher nicht, dass fünf Lehrstühle in Deutschland von Schülerinnen und Schülern Roman Ferstls besetzt werden und zahlreiche »Ehemalige« leitende Funktionen in Kliniken und Forschungseinrichtungen inne haben.

Wir wünschen Roman Ferstl von Herzen zahlreiche gesunde Lebensjahre an der Seite seiner Frau Professorin Gabriele Niebel. Genussfähigkeit und Feierfreudigkeit, das war die andere bestechende Seite dieses Wissenschaftlers, und die sollte er nach Kräften weiter ausleben.

Bernd Leplow

Würdigungen zu 70. Geburtstagen

Prof. Dr. sc. pol. Hans-Werner Prahl vollendete am 3. Oktober 2014 sein 70. Lebensjahr.

1944 im Herzogtum Lauenburg geboren, studierte Hans-Werner Prahl nach dem Abitur Soziologie an den Universitäten Kiel, Münster und Bielefeld, erwarb den Diplomabschluss in Münster, wurde 1975 in Kiel mit einer Dissertation zur ›kritischen Prüfungsforschung‹ promoviert und habilitierte sich 1982 an der Universität Osnabrück mit einer Schrift ›Zur Sozialgeschichte des Hochschulwesens‹.

Sein profundes theoretisches und praktisches Wissen über die Entwicklung der Hochschulen in Deutschland und im europäischen Ausland (durch eigene Lehre seit 1971 an den Universitäten Kiel, Bielefeld, Osnabrück, Klagenfurt und Flensburg sowie der Fachhochschule und der Muthesius Hochschule Kiel) führte in den 1990er Jahren zur Auseinandersetzung mit der Universität Kiel im Nationalsozialismus, an der er seit 1992 als C4-Professor bis zur Entpflichtung tätig war. Das Ergebnis ist nachzulesen in den beiden von ihm herausgegebenen Schriften ›UNI-FORMIERUNG DES GEISTES – Universität Kiel und der Nationalsozialismus‹ (Band 1, Brodersdorf 1995 und Band 2, Kiel 2007).

Hans-Werner Prahl entfaltete sich als jener an Humboldts Geist glaubende Forscher und Lehrer, der intellektuelle Lust daran hat, im Seminar, bei auswärtigen Vortragseinladungen oder auch in empirischen Kleinforschungsprojekten neue Gedanken, Theoreme und Themen zu erproben – immer menschennah und an die Region gebunden: ›Prüfungssysteme und -reformen in Deutschland‹, ›Langzeitarbeitslose in Schleswig-Holstein‹, ›Zum Image Schleswig-Holsteins in den Medien‹, ›Berufseinmündung und Berufsverläufe von Kieler Diplompädagoginnen und Diplompädagogen‹, ›Langzeitstudierende an der Universität Kiel‹, ›Gerontopsychiatrische Versorgung in Kiel‹, ›Begleitforschung zum Kieler Drachenseeprojekt‹, ›Evaluationen zum kinderfreundlichen Dorf in Schleswig-Holstein und Mecklenburg-Vorpommern‹, ›Aufbau einer Forschungsstelle für Maritime Soziologie‹.

Mit den problematischen Seiten der Universität historisch und strukturell vertraut und vom Geist der kritischen Aufklärung angesteckt war die Institution Hochschule als Bildungsinstitution stets auch ein bevorzugter Forschungsgegenstand Hans-Werner Prahls. Nicht elitär abgehoben, sondern lebendig lehrend, mit Alltagsbeispielen illustrierend vermittelte Prahl die großen soziologischen Metatheorien – und das immer bezogen auf Themen die nicht stets im Fokus eines kritischen Gesellschaftswissenschaftlers liegen. Die entsprechenden Lehrbücher lauten ›Soziologie der Ernährung‹, ›Soziologie der Freizeit‹, ›Soziologie der Massenmedien‹, ›Soziologie des Alterns‹, und sogar ›Soziologie der Gartenzwerge‹.

Die Liste der Veröffentlichungen ist lang, und seine Schriften sind in zwölf Sprachen übersetzt worden, die ›Sozialgeschichte des Hochschulwesens‹ sogar ins Japanische.

Als einer, der immer den Partizipationsgedanken hochhielt, beteiligte sich Hans-Werner Prahl leitend und mitarbeitend an wissenschaftlichen Instituten und Gesellschaften. So war er fast zehn Jahre Geschäftsführender Direktor des Instituts für Gesellschaftswissenschaften und zwei Jahre Prodekan der Erziehungswissenschaftlichen Fakultät, fünf Jahre Direktor des Instituts für Soziologie der Universität Flensburg. Als Gutachter fungierte er für Fachzeitschriften und Forschungsgesellschaften, war Mitglied in diversen Verbänden, so z. B. Vizepräsident der Ferdinand-Tönnies-Gesellschaft.

Vor allem ist Hans-Werner Prahl – jetzt immer noch als Lehrbeauftragter im Institut für Pädagogik – ein begnadeter Hochschullehrer. Zugewandt und fürsorglich, historisch belesen und theoretisch versiert vermag er die Studierenden zu begeistern. Im Laufe seiner regulären Dienstzeit betreute er etwa 600 Diplom-, Magister-, Staatsexamens-, Bachelor- und Masterarbeiten sowie zwanzig Doktorandinnen und Doktoranden. Noch immer wird er gerne in die Betreuung und Begutachtung soziologisch akzentuierter Abschlussarbeiten eingebunden.

Sollte es möglich sein, auch Wissenschaftler stereotyp in Sammler und Jäger einzuteilen, also die gründlichen Datenerhebenden und Analysierenden einerseits und die neugierigen Mythenjägerinnen und Mythenjäger (Norbert Elias) andererseits, dann war und ist Hans-Werner Prahl immer noch wissenschaftlich ein Jäger und nur im Privaten ein Sammler von Schachspielen, Atlanten, Fotografien und Kriminalromanen.

Uwe Sielert

Würdigungen zu 70. Geburtstagen

Prof. Dr. phil. Manfred Sommer
vollendete am 14. August 2015 sein 70. Lebensjahr.

Manfred Sommer wurde 1945 im fränkischen Thalmässing geboren. Nach dem Abitur am Dürer-Gymnasium in Nürnberg 1965 hat er in den studentenbewegten Jahren 1967 bis 1974 an den Universitäten Bielefeld und Münster studiert, wo er 1974 mit einer Arbeit über Kant (›Die Selbsterhaltung der Vernunft‹, 1977) promoviert wurde. Zu seinen akademischen Lehrern der Studienfächer Philosophie, Soziologie und Theologie zählten Hans Blumenberg, Niklas Luhmann, Karl Rahner und Johann-Baptist Metz. Aus der wissenschaftlichen Assistenz am Lehrstuhl Hans Blumenbergs in Münster ging 1982 die drei Jahre später im Druck erscheinende Habilitationsschrift ›Husserl und der frühe Positivismus‹ hervor. Nach Privatdozentur in Münster und Vertretungsprofessuren in Duisburg und Würzburg wurde der Vater zweier Töchter 1993 auf einen der damals zwei Lehrstühle für Philosophie an der Christian-Albrechts-Universität zu Kiel berufen, den er bis 2010 innehatte.

Seiner philosophischen Konfession nach gehört das weitgespannte Werk Manfred Sommers in die Tradition der Phänomenologie; als akademischer Lehrer hat er die phänomenologische Maxime akribischer Genauigkeit und Beschreibungsdichte bei gleichzeitiger Wahrung der historischen Breite der Disziplin und der Geschichtlichkeit ihrer philosophischen Themen verfolgt. Forschung und Lehre waren und sind verklammert in der Orientierung an der Methodentrias seiner Phänomenologie: ›Deskription, Konstitution, Destruktion‹. Zu seinen noch heute unter Studierenden umgehenden Sentenzen gehören Bonmots wie: »Deskription schützt vor Reduktion«, »Die Natur kennt keine rechten Winkel« oder »'Syn-' ist das Präfix des Bösen«. Sie könnten gut auch als Motti seiner zahlreichen, überwiegend im Suhrkamp Verlag erschienenen Bücher und Editionen (u. a. des Blumenberg-Nachlasses) gelten.

Das Buch ›Evidenz im Augenblick‹ (1987) setzte zunächst die in der Habilitationsschrift begonnene Arbeit der Abgrenzung von Phänomenologie und »Positivismus« fort – und zwar an dem Punkt ihrer kleinsten, aber entscheidenden Differenz: der Phänomenologie und »Positivismus« gemeinsamen Faszination für den zeitlosen Augenblick »reiner Empfindung«; einer Empfindung, die aus dem Erlebnisstrom unseres inneren Zeitbewusstseins herauszutreten scheint. Mit der Reformulierung einer »zur Geschichte kommenden Phänomenologie« verband sich in diesem Unternehmen auch die Auflösung des Etiketts »Positivismus«. Jedenfalls für die »Elementarmystik« Ernst Machs und anderer wollte Sommer nicht gelten lassen, dass der »Positivist, wie wir ihn kennen, ein borniert Faktensammler [ist], der nicht weiß, was er tut, und das auch noch als Tugend ausgibt«.

Das Sammeln, nicht nur von Fakten, wurde dann eigenes Thema seines wohl bekanntesten Werks: ›Sammeln. Ein philosophischer Versuch‹ (1999). Ein erstaunliches Buch – ohne Fußnoten, ohne Bezug auf Sekundärtexte, ohne Fachjargon entwickelt Sommer die Sache ganz aus sich selbst. Es bietet ausdrücklich weder eine Kulturgeschichte des Sammelns noch eine Psychologie des Sammlers (– was gleichwohl zahlreiche Anfragen von Numismatikern, Philatelisten und Flohmarktenthusiasten nicht verhindern konnte). Vielmehr entwickelt es den »Prozess« des Sammelns konsequent aus dessen Grundkonstituenten: dem anschauenden Zusammentragen der Dinge aus ihrer Zerstreuung; der Zusammenführung des Verstreuten nach Schemata und Ordnungen; der Herholung des noch abwesenden Unversammelten; schließlich der Erfahrungs- und Wissenserzeugung durch das Archiv des Hergeholten und Versammelten, des Zusammengelesenen und Zählbargemachten. Zuletzt wohl ist das Werk eine »Archäologie des Wissens«: als Beschreibung der Entstehung von Faktizität überhaupt. Es beleuchtet, wie Fakten und Daten allererst »gemacht« werden.

Mehr jedoch als das Machen interessiert Manfred Sommer dessen Gegensatz: das Lassen, die Passivität, das Nichts-Tun. Das Projekt einer Phänomenologie des Lassens zählt zu seinen noch unausgearbeiteten Vorhaben – aber vielleicht besteht die letzte logische Konsequenz einer Beschreibung des Nichtstuns genau darin, niemals ausgeführt zu werden. Denn nicht nur das Erscheinen, sondern auch das Entscheinen fesselt seit jeher Sommers Interesse. Es zählte auch zu den Maximen seines akademischen Selbstverständnisses. Stets sprach er davon, einmal eine Vorlesung ankündigen zu wollen mit dem verschmitzten Titel: »Nichts Tun. Mit praktischen Übungen«.

Zu den anderen seiner Vorhaben zählt das Projekt einer Rekonstruktion der Konstitution von Fläche. Die Geburt der Rechtwinkligkeit aus dem Geiste der neolithischen Anfänge des Ackerbaus – so könnte man dieses Vorhaben umschreiben, das Sommers bleibender Faszination für die seit alters her so erstaunlich ubiquitäre Rektangularität und Axialität der von Menschen gemachten Welt entspringt. Dieses Staunen in ein Buch zu versammeln beschäftigt den seit 2010 pensionierten, gleichwohl weiterhin passioniert zu diesen und anderen Themen vortragenden Philosophen Manfred Sommer. Wir sind gespannt auf sein Erscheinen.

Dirk Westerkamp

Prof. Dr. rer. nat. Michael Spindler vollendete am 16. Januar 2014 sein 70. Lebensjahr.

Michael Spindler wurde am 16. Januar 1944 in Lübeck geboren, aber seine Kindheit und Jugend verbrachte er vor allem in Neumünster, wo er Ostern 1965 an der Holstenschule (Gymnasium für Jungen) die Abiturprüfung ablegte.

Schon 1975, ein Jahr vor seiner Promotion, schloss sich Michael Spindler dem Sonderforschungsbereich SFB 53 (›Paläontologie mit besonderer Berücksichtigung der Palökologie‹) am Geologisch-Paläontologischen Institut der Universität Tübingen an und arbeitete dort zusammen mit Prof. Hemleben weiter über die Morphologie, Biologie und Ökologie von Foraminiferen, jetzt aber von planktonischen Formen. In diese Zeit fallen mehrere längere Auslandsaufenthalte. Außerdem leitete er von 1978 bis 1984 das Transmissionselektronenmikroskop-Labor der Universität Tübingen und war von 1980 bis 1985 Mitglied des Vorstands des SFB 53. 1984 nahm Michael Spindler eine Stelle am Alfred-Wegener-Institut für Polar- und Meeresforschung (AWI) in Bremerhaven an. Dort wechselte er thematisch und geographisch seinen Arbeitsschwerpunkt und öffnete sich der interdisziplinären ökologischen Forschung. Daneben führte er aber auch weiterhin wissenschaftliche Arbeiten über die Biologie rezenter planktonischer Foraminiferen durch. Diese Studien bildeten die Grundlage für seine Habilitation, die 1991 im Fach Zoologie an der Universität Oldenburg erfolgte.

Im Sommersemester 1991 wurde Michael Spindler auf eine C4-Professur am Institut für Polarökologie (IPÖ) der Christian-Albrechts-Universität berufen, das er seitdem bis zu seiner Pensionierung am Ende des Wintersemesters 2008/09 als Direktor leitete. In dieser Zeit setzte er seine meereisökologischen Arbeiten fort und etablierte diese Forschungsrichtung in Kiel. Noch mehr als in Tübingen und Bremerhaven hat er sich wissenschaftlichen Koordinationsaufgaben in nationalen und internationalen Gremien gewidmet. So war er von 1994 bis 2006 Leiter des Schwerpunktprogramms ›Antarktisforschung‹ der Deutschen Forschungsgemeinschaft (DFG), seit 1994 Mitglied des Landesausschusses des Scientific Committee of Antarctic Research (SCAR) sowie deutsches Mitglied der ISIRA Working Group des International Arctic Science Committee (IASC) und seit 1999 deutsches Mitglied des European Polar Board der European Science Foundation (ESF). Außerdem engagierte er sich in der akademischen Lehre, war viele Jahre Mitglied des Promotionsausschusses der Mathematisch-Naturwissenschaftlichen Fakultät und hat insgesamt 90 Diplomanden und 20 Doktoranden betreut. Auch heute noch unterrichtet er regelmäßig jedes Wintersemester im meereskundlichen Großpraktikum des GEOMAR sowie an der Staatlichen Universität St. Petersburg/Russland im Rahmen des russisch-deutschen Studiengangs POMOR (Master Program for Polar and Marine Sciences).

Im Lauf seiner wissenschaftlichen Karriere hat Michael Spindler mehr als hundert Arbeiten zu protistologischen, paläontologischen sowie marin- und polarökologischen Themen veröffentlicht. Seine Arbeiten zur Biologie planktonischer Foraminiferen, unter anderem mit dem Lehrbuch ›Modern Planktonic Foraminifera‹, und zur Ökologie des Meereises fanden international große Beachtung. Er pflegte in hervorragender Weise die Verbindung der Polarforschung zwischen den Instituten in Bremerhaven und Kiel und hat an beiden die Erforschung der Lebensgemeinschaft im Meereis geprägt. Zur Durchführung seiner zahlreichen Forschungsprojekte warb er bei verschiedenen nationalen und internationalen Drittmittelgebern erhebliche Fördermittel ein. Zudem war sein wissenschaftlicher Werdegang von einer außergewöhnlich regen Expeditionstätigkeit geprägt. So nahm er von 1985 bis 2005 an sieben teilweise mehrmonatigen Schiffsexpeditionen mit dem Forschungseisbrecher ›Polarstern‹ in arktische und antarktische Meere teil, darunter viermal als Fahrtleiter. Er ist Mitglied der Deutschen Gesellschaft für Protozoologie und der Deutschen Gesellschaft für Polarforschung; in letzterer war er von 1996 bis 2010 stellvertretender Vorsitzender und ist bis heute aktiv im Vorstand als einer der beiden Schriftleiter der Zeitschrift ›Polarforschung‹. Schließlich haben seine Schüler und Mitarbeiter Michael Spindler immer als engagierten und fairen Chef erlebt.

Dieter Piepenburg

Prof. Dr. phil. Harald Thun
vollendete am 7. August 2015 sein 70. Lebensjahr.

Harald Thun wurde 1945 in Falkenberg/Pommern geboren. Von 1967-1973 studierte er in Kiel, Tübingen und Pau/Frankreich Romanistik, Geschichte und Philosophie; dieses Studium schloss er 1972/73 mit dem Staatsexamen für das Lehramt am Gymnasium ab. Danach übernahm er eine Assistentenstelle bei Eugenio Coseriu in Tübingen und wurde ebenda 1975 mit einer Arbeit über ›Probleme der Phraseologie: Untersuchungen zur wiederholten Rede mit Beispielen aus dem Französischen, Italienischen, Spanischen und Rumänischen‹ promoviert. 1975 wechselte er auf eine Assistentenstelle nach Münster, wo er sich bei Horst Geckeler 1984 mit einer Arbeit über ›Personalpronomina für Sachen: Ein Beitrag zur romanischen Syntax und Textlinguistik‹ habilitierte. Die Münsteraner Zeit war unterbrochen durch die Wahrnehmung eines deutschen Lektorates an der Universität Bukarest (1977-1979), einer Gastprofessur an der Universität von Montevideo im Jahre 1981 und der Vertretung einer C4-Professur an der Freien Universität Berlin im Wintersemester 1984/85. 1985 nahm er den Ruf auf einen Lehrstuhl für Romanische Philologie an der Universität Mainz an. Einen an ihn 1992 ergangenen Ruf an die Universität Heidelberg lehnte er ab, um schließlich 1994 dem Ruf an die Christian-Albrechts-Universität als Nachfolger von Helmut Lüdtke zu folgen.

Trotz eines weiteren Rufes an die Universität Mainz im Jahre 1996 blieb Harald Thun bis zu seiner Emeritierung im Jahre 2011 der Universität Kiel treu. Aber nicht nur das: Wer Harald Thun kennt, weiß, dass ihn ein formaler Akt wie der »Eintritt ins gesetzliche Rentenalter« nicht davon abhalten kann, sich weiterhin in Forschung und Lehre zu engagieren und sich am Romanischen Seminar präsent zu zeigen. So leitet er seit fünf Jahren ein von der DFG gefördertes Drittmittelprojekt zum Substandard im Französischen, in dem er zusammen mit seinen Mitarbeiterinnen und Mitarbeitern die Geschichte der Alphabetisierung in Frankreich am Beispiel von Unterschichtenbriefen für die Zeit zwischen 1789 und 1918 aufarbeitet. Dies geschieht auf der Basis eines umfangreichen Textcorpus, das die Forschergruppe um Harald Thun flächendeckend aus Archiven aller französischer Départements zusammengetragen hat, so dass eine historische Projizierung sprachgeographischer Untersuchungen möglich gemacht wird.

Ein weiterer zentraler Forschungsschwerpunkt, der aus seinem Aufenthalt in Montevideo resultierte, sind die Sprachvarietäten des lateinamerikanischen Spanischen und Portugiesischen, insbesondere jene der La Plata-Staaten und Südbrasiliens. Die Kontakte, die er hier geknüpft hat, führten zu einer fruchtbaren Zusammenarbeit mit den südamerikanischen Kollegen, aus der unter anderem der Sprachatlas ›Atlas lingüístico Diatópico y Diastrático del Uruguay‹ hervorgegangen ist.

Ein anderes Arbeitsgebiet seiner linguistischen Feldforschungen bezieht sich auf den Sprachkontakt zwischen Portugiesisch und Deutsch in den von den Nachfahren deutscher Einwanderer geprägten Regionen des südbrasilianischen Bundesstaates Rio Grande do Sul. Das von ihm entwickelte Konzept der pluridimensionalen Sprachgeographie, das die lokalen Eigenheiten sprachlicher Varietäten in einer Wechselbeziehung zu ihren jeweiligen schichten- und registerspezifischen Verankerungen betrachtet, hat ihm internationales Renommé als romanistischer Sprachwissenschaftler und Dialektologe verschafft. Eine ehrenvolle Mitgliedschaft in der Accademia Siciliana di Dialettologia zeigt nicht nur die hohe Anerkennung seiner wissenschaftlichen Arbeiten auf dem Gebiet der Varietätenlinguistik, sondern auch, dass Harald Thun ein ausgezeichneter Kenner der italienischen Sprache und ihrer Dialekte ist.

National lässt sich seine herausragende Reputation als Vollromanist nicht zuletzt dadurch belegen, dass er für die Amtsperiode 2001-2003 zum Präsidenten des Deutschen Romanistenverbandes gewählt wurde und dadurch den Deutschen Romanistentag 2003 in Kiel ausrichten konnte.

Neben seiner leidenschaftlichen Beschäftigung mit den Phänomenen der romanischen Sprachen ist Harald Thun aber selbst ein Sprachphänomen: abgesehen davon, dass er mit der Indianersprache Guaraní, die das Spanische in Paraguay beeinflusst hat, so vertraut ist, dass er für dieses Land den mehrbändigen ›Atlas Guaraní-Romanico‹ zusammenstellen konnte, verfügt er über profunde Kenntnisse aller romanischen Sprachen und spricht und schreibt mit einer Versiertheit, die an eine muttersprachliche Kompetenz heranreicht, das Französische, Spanische, Portugiesische und Italienische. Harald Thun ist nicht nur Romanist, sondern ein leibhaftiger Romane.

Rainer Zaiser

Universitätsnachrichten

Geburtstage

95 Jahre
Prof. Dr. Dr. h.c. **Wolfgang Gaschütz,** emeritierter Professor für Mathematik, ehemaliger Direktor des Mathematischen Seminars, am 11.6.2015.

85 Jahre
Prof. Dr. **Walter Braun,** pensionierter Professor für Betriebswirtschaftslehre, ehemaliger Kultusminister und Sozialminister des Landes Schleswig-Holstein, am 6.8.2015;

Prof. Dr. **Hans Günzler,** emeritierter Professor für Mathematik, ehemaliger Direktor des Mathematischen Seminars, am 21.5.2015;

Prof. Dr. **Lutz Hasse,** pensionierter Professor für Meteorologie, ehemaliger Direktor der Abteilung Maritime Meteorologie des früheren Instituts für Meereskunde, am 17.8.2015;

Prof. Dr. **Alois Kornher,** pensionierter Professor für Grünland und Futterbau, ehemaliger Direktor des Instituts für Pflanzenbau und Pflanzenzüchtung, am 15.6.2015.

80 Jahre
Prof. Dr. **Otto Ernst Berge,** emeritierter Professor für Physik und ihre Didaktik am ehemaligen Institut für Naturwissenschaften und Technik und ihre Didaktiken der damaligen Erziehungswissenschaftlichen Fakultät, am 29.5.2015;

Prof. Dr. **Albert Jeck,** emeritierter Professor für Theoretische Volkswirtschaftslehre, ehemaliger Direktor des damaligen Instituts für Theoretische Volkswirtschaftslehre, am 3.7.2015;

Prof. Dr. **Dieter Klemenz,** pensionierter Professor für Pädagogik, ehemaliger Direktor des Instituts für Pädagogik, am 27.7.2015;

Prof. Dr. **Klaus Kohler,** emeritierter Professor für Phonetik, ehemaliger Direktor des damaligen Instituts für Phonetik und digitale Sprachverarbeitung, am 22.9.2015;

Prof. Dr. **Manfred Korte,** pensionierter Professor für Kunst und ihre Didaktik, ehemaliger Direktor des Kunsthistorischen Instituts, am 20.6.2015;

Prof. Dr. Dr. h. c. **Reimer Lincke,** pensionierter Professor für Physik, ehemaliger Direktor des damaligen Instituts für Experimentalphysik, am 25.6.2015;

Prof. Dr. **Karin Peschel,** emeritierte Professorin für Volkswirtschaftslehre, Rektorin a.D., ehemalige Direktorin des Instituts für Volkswirtschaftslehre sowie des Instituts für Regionalforschung, am 25.10.2015;

Prof. Dr. **Heinrich Rudert,** emeritierter Professor für Hals-, Nasen- und Ohrenkrankheiten, ehemaliger Direktor der Klinik für Hals-, Nasen- und Ohrenheilkunde, Kopf- und Halschirurgie, am 5.7.2015;

Prof. Dr. **Alfred Schönfeldt,** pensionierter Professor für Deutsche Philologie, ehemaliger Direktor des Germanistischen Seminars, am 30.10.2015;

Prof. Dr. **Peter Widmoser,** pensionierter Professor für Wasserwirtschaft, ehemaliger Direktor des damaligen Instituts für Wasserwirtschaft und Landschaftsökologie sowie des damaligen Ökologiezentrums (ÖZK), am 3.6.2015.

75 Jahre
Prof. Dr. **Reimar von Alvensleben,** emeritierter Professor für Landwirtschaftliche Marktlehre und Agrarpolitik, ehemaliger Direktor des Instituts für Agrarökonomie, am 14.7.2015;

Prof. Dr. **Dieter Betten,** pensionierter Professor für Geometrie, ehemaliger Direktor des Mathematischen Seminars, am 27.6.2015;

Prof. Dr. **Konrad Heldmann,** pensionierter Professor für Klassische Philologie, insbesondere Latinistik, ehemaliger Direktor des Instituts für Klassische Altertumskunde und langjähriger Herausgeber der Christiana Albertina, am 20.9.2015;

Prof. Dr. **Manfred Hühn,** pensionierter Professor für Pflanzenzüchtung, insbes. Populationsgenetik, ehemaliger Direktor des Instituts für Pflanzenzüchtung, am 12.8.2015;

Prof. Dr. Dr. h. c. mult. **Ernst Kalm,** pensionierter Professor für Tierzucht und Haustiergenetik, ehemaliger Direktor des Instituts für Tierzucht und Tierhaltung, am 12.9.2015;

Prof. Dr. **Volker Kapp,** emeritierter Professor für Romanische Philologie, ehemaliger Direktor des Romanischen Seminars, am 20.8.2015;

Prof. Dr. **Peter Krope,** pensionierter Professor für Pädagogik, ehemaliger Direktor des Instituts für Pädagogik, am 2.7.2015;

Prof. Dr. **Reiner Preul,** pensionierter Professor für Praktische Theologie, ehemaliger Direktor des Instituts für Praktische Theologie und langjähriger Universitätsprediger, am 19.8.2015;

Prof. Dr. **Christian Seidl,** emeritierter Professor für Finanzwissenschaft, ehemaliger Direktor des Instituts für Volkswirtschaftslehre, am 5.8.2015.

65 Jahre
Prof. Dr. **Günther Deuschl,** Professor für Neurologie und Klinische Neurophysiologie, Direktor der Klinik für Neurologie, am 4.8.2015;

Prof. Prof. h.c. Dr. Dr. h.c. **Rainer Horn,** Professor für Bodenkunde, Direktor des Instituts für Pflanzenernährung und Bodenkunde, am 7.5.2015;
Prof. Dr. **Holger Kalthoff,** Professor für Immunologie und Zellbiochemie an der Klinik für Allgemeine Chirurgie und Thoraxchirurgie, am 20.5.2015;
Prof. Dr. Dr. **Michael Kneba,** Professor für Innere Medizin, Direktor der Klinik für Innere Medizin II mit den Schwerpunkten Hämatologie und Onkologie, am 22.8.2015;
Prof. Dr. **Uwe Rösler,** Professor für Stochastik, Direktor des Mathematischen Seminars, am 3.9.2015;
Prof. Dr. Dr. **Michael Schünke,** pensionierter Professor für Anatomie, ehemaliger Direktor des Anatomischen Instituts, am 23.7.2015.

Venia legendi / Habilitationen

Theologische Fakultät
Dr. theol. **Philipp David,** Systematische Theologie; Titel der Habilitationsschrift: ›Der Tod Gottes als Lebensgefühl der Moderne. Philosophische Theologie nach dem größten neueren Ereignis‹.

Rechtswissenschaftliche Fakultät
Dr. iur. **Benjamin Raue,** Bürgerliches Recht, Urheberrecht, Gewerblicher Rechtsschutz, Wirtschaftsrecht, Internationales Privatrecht und Rechtsvergleichung; Titel der Habilitationsschrift: ›Die dreifache Schadensberechnung: Eine Untersuchung zum deutschen und europäischen Immaterialgüter-, Lauterkeits- und Bürgerlichen Recht‹.

Wirtschafts- und Sozialwissenschaftliche Fakultät
Dr. rer. soc. **Eric Linhart,** Politikwissenschaft; Titel der Habilitationsschrift: ›Koalitionsbildung in Deutschland unter gleichzeitiger Berücksichtigung von Ämter- und Policy-Motivation der Parteien;
Dr. rer. pol. **Robert Mai,** Betriebswirtschaftslehre; Titel der Habilitationsschrift: ›Advances in Marketing Research. The Role of Implicit Processes in Business Contexts‹.

Medizinische Fakultät
Dr. med. **Sebastian Böttcher,** Innere Medizin; Titel der Habilitationsschrift: ›Etablierung, Validierung und Anwendung durchflusszytometrischer Methoden zur Bestimmung der Minimalen Resterkrankungen bei der Chronischen Lymphatischen Leukämie‹;
Dr. med. **Gunnar Elke,** Anästhesiologie; Titel der Habilitationsschrift: ›Einfluss der Ernährungstherapie auf die Sterblichkeit kritisch kranker Patienten‹;
Dr. med. **Axel Fudickar,** Anästhesiologie; Titel der Habilitationsschrift: ›Elektrophysiologisches Neuromonitoring in Anästhesiologie und Intensivmedizin‹;
Dr. med. **Sascha Gerdes,** Dermatologie und Venerologie; Titel der Habilitationsschrift: ›Psoriasis und Komorbidität – Serologische Biomarker in der Pathophysiologie und bei der Charakterisierung von Risikopatienten‹;
Dr. rer. nat. **Kirsten Hattermann,** Anatomie; Titel der Habilitationsschrift: ›Chemokine und ihre Rezeptoren in Tumoren des Nervensystems‹;
Dr. rer. nat. **Christian Kellner,** Molekulare Medizin; Titel der Habilitationsschrift: ›Verstärkung der von natürlichen Killerzellen vermittelten antikörperabhängigen Lyse lymphoider Tumorzellen‹;
Dr. med. **Stefan Koinzer,** Augenheilkunde; Titel der Habilitationsschrift: ›Automatische Effektsteuerung für minimalinvasive Laserphotokoagulation der Netzhaut‹;
Dr. med. **Frank Leypoldt,** Neurologie; Titel der Habilitationsschrift: ›Die anti-NMDAR Encephalitits – Diagnostik, Biomarker, Bildgebung, Pathomechanismus und Ursachen‹;
Dr. med. **Sebastian Schulz-Jürgensen,** Kinder- und Jugendmedizin; Titel der Habilitationsschrift: ›Neue Klassifikation der Enuresis nocturna anhand patholphysiologischer Kriterien‹.

Philosophische Fakultät
Dr. phil. **Andrés Ferretti,** Romanische Philologie; Titel der Habilitationsschrift: ›Bucolica mente. Zu Diskursivität und Medialität romanischer Bukolik in früher Neuzeit‹;
Dr. phil. **Joachim Steffen,** Romanische Philologie; Titel der Habilitationsschrift: ›Dialog als Monolog. Eine historisch-vergleichende Studie zu Briefen ungeübter Schreiber aus Mexiko, Frankreich und Brasilien‹;
Dr. phil. **Thorsten Sühlsen,** Pädagogik; Titel der Habilitationsschrift: ›Rekursive Reflexion. Konzept einer operativen Forschungsmethode‹.

Mathematisch-Naturwissenschaftliche Fakultät
Dr. rer. nat. **Dirk Brandis,** Spezielle Zoologie; Titel der Habilitationsschrift: ›From the Oceans to the Himalayas: Morphological and molecular Investigations on the Biodiversity of Brachyuran Crabs‹;
Dr. rer. nat. **Paolo Ferriani,** Theoretische Physik; Titel der Habilitationsschrift: ›First-principles approach to complex magnetism in transition-metal nanostructures at surfaces‹;
Dr. rer. nat. **Markus Pahlow,** Biologische Meereskunde; Titel der Habilitationsschrift: ›Optimality-based modelling of marine plankton processes‹;
Dr. rer. nat. **Regina Scherließ,** Pharmazeutische Technologie und Biopharmazie; Titel der Habilitationsschrift: ›Mucosal Vaccination via the Respiratory Tract‹.

Agrar- und Ernährungswissenschaftliche Fakultät

Dr. oec.troph. **Sandra Plachta-Danielzik,** Ernährungsepidemiologie; Titel der Habilitationsschrift: ›Gesundheitsförderung und Prävention von Übergewicht bei Kindern und Jugendlichen‹; Dr. med. vet. **Jens Tetens,** Tierzucht und Haustiergenetik; Titel der Habilitationsschrift: ›Recent advances in cattle genomics and beyond‹.

Technische Fakultät

Dr. phil. **Yogendra Kumar Mishra,** Materialwissenschaft; Titel der Habilitationsschrift: ›From Nanoparticles to Three Dimensional Flexible Nanoceramic Network‹; Dr. rer. nat. **Henning Schnoor,** Informatik; Titel der Habilitationsschrift: ›Knowledge-based, Strategic, and Temporal Security Properties‹.

Auszeichnungen durch die Universität

Mit dem DAAD-Preis würdigt die Kieler Universität ausländische Studierende, die sich sowohl durch herausragende Studienleistungen als auch durch besonderes soziales, gesellschaftliches oder hochschulinternes Engagement auszeichnen. Der diesjährige Preis wurde an den Ghanaischen Masterstudenten **Sowah Addo,** Studiengang AgriGenomics, verliehen.

Prof. Dr. **Ben Feringa,** Universität Groningen, Niederlande, wurde mit der Diels-Planck-Lecture ausgezeichnet. Der Preis wird jährlich durch die Mitglieder des Kieler Nano-Forschungsschwerpunktes (KiNSIS) an führende Wissenschaftlerinnen und Wissenschaftler in den Bereichen Nano- und Oberflächenwissenschaften vergeben. Feringa forscht an molekularen Motoren, die mit Licht betrieben werden und deren Vorbild die Natur ist.

PD Dr. **Mario Hasler,** Variationsstatistik, wurde von der Fachschaft der Agrar- und Ernährungswissenschaftlichen Fakultät mit dem Lehrpreis ausgezeichnet. Er erhielt den Preis bereits zum zweiten Mal für seine Vorlesung ›Einführung in die Statistik‹.

Dr. **Mehdi Keshavarz Hedayati,** Wissenschaftlicher Mitarbeiter am Institut für Materialwissenschaft, wurde mit dem Preis für Nanoengineering des Forschungsschwerpunktes Nanowissenschaften und Oberflächenforschung (KiNSIS) ausgezeichnet. Der Preis wurde ihm als Anerkennung für seine Dissertation ›Tunable plasmonic metamaterial‹ verliehen.

Prof. Dr. Dr. h.c. **Alois Heißenhuber** wurde von der Agrar- und Ernährungswissenschaftlichen Fakultät für seine überragenden und richtungsweisenden Leistungen unter Einbeziehung wissenschaftlicher Erkenntnisse um die Landwirtschaft mit der Thünen-Medaille in Gold ausgezeichnet. Heißenhuber war von 1996 bis 2013 Professor für Wirtschaftslehre des Landbaus an der Technischen Universität München/Weihenstephan.

Fakultätspreise für die besten Dissertationen

Theologische Fakultät

Dr. **Sven Lesemann:** ›Und Gideon starb in einem guten Greisenalter. Untersuchungen zu den hebräischen und griechischen Texttraditionen in Ri 6-8 unter Einbeziehung des jüdisch-hellenistischen und frühen rabbinischen Schrifttums‹.

Rechtswissenschaftliche Fakultät

Dr. **Julian Kammin:** ›Reforming Private Antitrust Enforcement in Europe: Between Harmonisation and Regulatory Competition‹.

Wirtschafts- und Sozialwissenschaftliche Fakultät

Dr. **Christine Köhler:** ›Essays zur management-orientierten Analyse und Bewertung von Carryover-Modellen‹.

Medizinische Fakultät

Dr. **Andreas Patzer:** ›Die Expression der Peroxisom-Proliferator-aktivierten Rezeptoren-g, des Tumornekrosefaktors-a und der Cyclooxygenase-2 im ischämischen Gehirngewebe nach fokalem Schlaganfall bei der Ratte unter Vorbehandlung mit Pioglitazon‹.

Philosophische Fakultät

Dr. **Hjördis Becker-Lindenthal:** ›Die Wiederholung der Philosophie. Kierkegaards Kulturkritik und ihre Folgen‹;
Dr. **Nele Schmidt:** ›Neuropsychologische und strukturelle Korrelate der Riechleistung bei Patienten mit Morbus Parkinson‹.

Mathematisch-Naturwissenschaftliche Fakultät

Dr. **Henry C. Bittig:** ›Messung des Sauerstoffgehalts im Ozean mit Hilfe von Sensoren, z. B. zur Primärproduktion oder dem Gasaustausch an der Meeresoberfläche‹;
Dr. **Lars Heepe:** ›Contact Mechanics of Biologically Inspired Adhesives‹.

Agrar- und Ernährungswissenschaftliche Fakultät

Dr. **Jan Reent Köster:** ›Gaseos emissions from biogas-digestate management and from fertilized soils: A study with special reference to nitrous oxide determination by stable isotope and isotopomer techniques‹.

Technische Fakultät

Dr.-Ing. **Marc-Daniel Gerngroß:** ›Fabrication and characterization of single-crystalline InP membranes for several applications‹.

Universitätsnachrichten

Preise und Auszeichnungen an Mitglieder der Universität

Prof. Dr. **Mark Hannington,** GEOMAR Helmholtz-Zentrum für Ozeanforschung Kiel, wurde mit dem Ralph W. Marsden Award der Society of Economic Geologists ausgezeichnet. Mit dem Preis werden Wissenschaftlerinnen und Wissenschaftler geehrt, die sich mit ihrer Forschung in besonderem Maße für gesellschaftliche Belange einsetzen.

Prof. Dr. **Rainer Herges,** Direktor des Otto Diels-Instituts für Organische Chemie, wurde mit dem Kieler Wissenschaftspreis 2015 ausgezeichnet. Seit 2006 ist Herges Sprecher des Kieler Sonderforschungsbereiches 677 ›Funktion durch Schalten‹. Erst Ende Mai 2015 erhielt dieser Bereich auf dem Gebiet der molekularen Maschinen-Entwicklung erneut 8,9 Millionen Euro von der Deutschen Forschungsgemeinschaft (DFG). Bereits in der ersten Förderperiode bis 2011 gelangen dem interdisziplinär zusammen gesetzten Team um Professor Herges bahnbrechende Erfolge im Bereich Nanowissenschaften und Oberflächenforschung.

PD Dr. **Andi Krumbholz,** Wissenschaftlicher Mitarbeiter am Institut für Infektionsmedizin, wurde von der Deutschen Vereinigung zur Bekämpfung der Viruskrankheiten e.V. (DVV) mit dem Wissenschaftspreis Klinische Virologie geehrt. Krumbholz erhielt den Preis für seine Arbeiten zur Diagnostik und Epidemiologie des zoonotischen Hepatitis-E-Virus, das bei Schweinen vorkommt und beim Menschen Leberentzündungen auslöst.

PD Dr. **Andreas Linkermann,** Oberarzt an der Klinik für Nieren- und Hochdruckkrankheiten sowie Mitglied im Exzellenzcluster Entzündungsforschung, wurde von der Deutschen Gesellschaft für Nephrologie (DGfN) mit dem Franz-Volhard-Preis ausgezeichnet.

Prof. Dr. **Reiner Preul,** bis 2005 Direktor des Instituts für Praktische Theologie und von 1986 bis 2010 Kieler Universitätsprediger, wurde vom Verlag für die Deutsche Wirtschaft mit dem Ökumenischen Predigtpreis für sein Lebenswerk als Prediger und Predigtlehrer ausgezeichnet.

Prof. Dr. **Alexander Trunk,** Direktor des Instituts für Osteuropäisches Recht, wurde eine Ehrenprofessur der Staatlichen Juristischen Universität des Ural (Jekatarinburg) verliehen.

Wahlen und Ehrenmitgliedschaften

Prof. Dr. **Jan Behrmann,** Professor für Geodynamik am GEOMAR Helmholtz-Zentrum für Ozeanforschung Kiel, wurde zum Vorsitzenden des European Science Support and Advisory Committees (ESSAC) of ECORD (European Consortium of Ocean Research Drilling) gewählt.

Prof. Dr. **Wolfgang Bensch,** Direktor des Instituts für Anorganische Chemie, wurde von der Deutschen Gesellschaft für Kristallographie (DGK) in das Nationalkomitee gewählt.

PD Dr. **Benjamin Burkhard,** Institut für Natur- und Ressourcenschutz, wurde in den Vorstand der International Association for Landscape Ecology (IALE) als stellvertretender Generalsekretär und Bulletin/Web-Herausgeber für vier Jahre wiedergewählt.

Prof. Dr. **Eberhard Hartung,** Direktor des Instituts für Landwirtschaftliche Verfahrenstechnik, wurde zum Vorsitzenden der CIGR (International Commission of Agricultural and Biosystems Engineering), Section II »Structures and Environment« gewählt.

Prof. Prof. h.c. Dr. Dr. h.c. **Rainer Horn,** Direktor des Instituts für Pflanzenernährung und Bodenkunde, trat beim Weltkongress der Bodenkunde die Präsidentschaft der IUSS für mehr als 60.000 Mitglieder weltweit (in mehr als 100 Nationen) an. Außerdem wurde er vom Intergovernmental Technical Panel of Soils (ITPS) als Vertreter berufen. Insgesamt 27 Fachleute aus aller Welt sind Teil des Gremiums, davon fünf aus Europa. Das ITPS berät auf technischer und wissenschaftlicher Ebene, insbesondere im Bereich der Bodenschätze.

Prof. Dr. **Lorenz Kienle,** Direktor des Instituts für Materialwissenschaft, wurde zum Vertrauensdozenten der Deutschen Forschungsgemeinschaft (DFG) bestellt. Er ist die Ansprechperson für Antragstellerinnen und Antragsteller bei DFG-Anträgen und berät diese über die verschiedenen Fördermöglichkeiten sowie in Zweifelsfragen.

Prof. Dr. **Mojib Latif,** Professor für Maritime Meteorologie am GEOMAR Helmholtz-Zentrum für Ozeanforschung Kiel, wurde mit dem Deutschen Umweltpreis 2015 der Deutschen Bundesstiftung Umwelt (DBU) ausgezeichnet. Bundespräsident Joachim Gauck überreichte die mit 250.000 Euro dotierte Auszeichnung am 8. November im Rahmen einer Festveranstaltung in Essen. Zudem wurde er vom Deutschen Klima-Konsortium (DKK) zum Vorstandsvorsitzenden gewählt.

Prof. Dr. **Thisbe Lindhorst,** Direktorin des Otto Diels-Instituts für Organische Chemie, wurde zur Präsidentin der Gesellschaft Deutscher Chemiker (GDCh) gewählt.

Prof. Dr. **Karl H. Mühling,** Direktor des Instituts für Pflanzenernährung und Bodenkunde, wurde vom Bundesarbeitskreis Blattdüngung und Mikronährstoffe als Vorsitzender wiedergewählt. Außerdem wurde er als Vorstandsmitglied des Dachverbands Wissenschaftlicher Gesellschaften der Agrar-, Forst-, Ernährungs-, Veterinär- und Umweltforschung (DAF) für die Amtszeit von vier Jahren wiedergewählt.

Prof. Dr. **Edgar Schallenberger,** ehemaliger Direktor des Instituts für Tierzucht und Tiererhaltung, wurde zum Vertrauensmann für den Tierschutz in der Landwirtschaft in Schleswig-Holstein ernannt.

Prof. Dr. Dr. **Johannes Schilling,** Direktor des Instituts für Kirchengeschichte, wurde vom Continuation Committee des Internationalen Lutherforschungskongresses die Präsidentschaft des 13. Internationalen Lutherforschungskongresses angetragen. Der Kongress findet vom 30. Juli bis 4. August 2017 in Wittenberg unter dem Thema »1517. Luther zwischen Tradition und Erneuerung« statt. Der Präsident hält auch den Eröffnungsvortrag (key lecture).

Prof. Dr. **Martin Visbeck,** Professor für Physikalische Ozeanographie am GEOMAR Helmholtz-Zentrum für Ozeanforschung Kiel, wurde zum Fellow der American Geophysical Union (AGU) ernannt. Außerdem wurde er zum Mitglied in die European Academy of Sciences (EURASC) gewählt. Die EURASC ist eine unabhängige Gesellschaft, die Forschung und Technologieentwicklung in Europa fördert.

Auszeichnungen für den wissenschaftlichen Nachwuchs

Der jährlich vergebene Holsteiner Studienpreis, gestiftet vom Iuventus Academiae Holsatorum e.V., einer Initiative des Corps Holsatia, wurde vergeben an **Oke Bahnsen** (Mathematik, Wirtschaft, Politik), **Torben Herber** (Jura), **Fabian Wolff** (Wirtschaft, Soziologie, Psychologie). Ausgezeichnet wurden gute Studienleistungen und zügiger Studienverlauf, eine fachlich breite Anlage des Studiums, gute Allgemeinbildung, besonderes Engagement für die Gesellschaft, die Universität oder das Land Schleswig-Holstein.

Der im Jubiläumsjahr der Universität vergebene Holsteiner Studienpreis 2015 350 Jahre Christian-Albrechts-Universität für herausragende wissenschaftliche Arbeiten zur Geschichte der Christian-Albrechts-Universität zu Kiel wurde verliehen an **Frederieke Schnack** (1. Preis), **Martin Göllnitz** (2. Preis) und **Swantje Piotrowski** (3. Preis).

Dr. **Julia Bahrenburg** und Dr. **Julian Linshöft** wurden für ihre hervorragenden Dissertationen mit dem Familie-Schindler-Preis zur Förderung der Physikalischen Chemie ausgezeichnet. Bahrenburg untersuchte für ihre Arbeit das Verhalten von Molekülen, die sich bei Lichteinstrahlung veränderten, Linshöft wirkte an der Entwicklung eines elektrisch leitenden Kunststoffs mit.

Der Jahrespreis des Fördervereins der Mathematisch-Naturwissenschaftlichen Fakultät wurde an **Patrick Comdühr** (Mathematik), **Rebecca Horbert** (Pharmazie), **Tim Wiegmann** (Physik) und als Dreiergespann an das aktuelle Sprecherteam des JungChemikerForums Kiel **Uta Corinna Stange, Kathrin Uebele** und **Steve Waitschat** aus der Chemie verliehen. Der Preis zeichnet Studierende aus, die neben großem universitärem Engagement auch in gesellschaftliche Bereiche hineinwirken.

Katharina Eckert, Studentin der Zahnmedizin, wurde für herausragende, während der studentischen Ausbildung erbrachte, endodontische Leistungen von der Redaktion der ENDODONTIE mit der Goldenen Hedström-Feile 2014 ausgezeichnet.

Saskia Eisenhardt und **Ronja Hallemann,** Studierende der Theologie, wurden von der Societas Theologicum Ordinem Adiuvantium (Förderverein der Theologischen Fakultät e.V.) mit dem Hans-Asmussen-Preis ausgezeichnet.

Mit dem Gender-Forschungspreis 2014 wurde in Würdigung ihrer herausragenden Promotionsleistung Dr. **Daniela Heitzmann,** Gender Research Group, für ihre Dissertation ›Fortpflanzung als soziologisches Phänomen. Konstitution und Klassifizierung der generativen Praxis‹ ausgezeichnet.

Dr. **Lars Hepe,** Zoologisches Institut, ist Gewinner des Fraunhofer UMSICHT-Wissenschaftspreises 2015. Heepe untersucht die Haftmechanismen von Insekten und Reptilien und will die Erkenntnisse seiner Forschungen für die Wirtschaft nutzbar machen.

Sebastian Jagdmann wurde mit dem Förderpreis der Bruhn-Stiftung ausgezeichnet. Im Biochemischen Institut erforscht der Doktorand das Enzym Phospholipase D3 und dessen Rolle bei der Alzheimer-Erkrankung.

Dr. **Jan Reent Köster,** Institut für Pflanzenernährung und Bodenkunde, wurde mit dem Promotionspreis der Deutschen Gesellschaft für Pflanzenernährung ausgezeichnet.

Mit dem Fakultätenpreis der Schleswig-Holsteinischen Universitätsgesellschaft wurde auf Vorschlag der Theologischen Fakultät Dr. **Sven Lesemann** ausgezeichnet für seine Dissertation ›‚Und Gideon starb in einem guten Greisenalter'‹. Untersuchungen zu den hebräischen und griechischen Texttraditionen in Ri 6-8 unter Einbeziehung des jüdisch-hellenistischen und frühen rabbinischen Schrifttums‹.

Dr. **Maryam Pourhassen,** Institut für Humanernährung und Lebensmittelkunde, wurde für die

Aufklärung der Zusammenhänge zwischen Körperzusammensetzung, Ruheenergieverbrauch, Insulinsensitivität und aerober Fitness des Menschen mit dem Danone-Förderpreis 2015 ausgezeichnet.

Dr. **Stephen Sacht** und **Magnus Reif,** beide Institut für Volkswirtschaftslehre, wurden mit dem Wissenschaftspreis 2015 der Deutschen Bundesbank ausgezeichnet. Mit dem Preis werden hervorragende Dissertationen und Abschlussarbeiten ausgezeichnet, deren Themen für die Bundesbank von besonderem Interesse sind.

Dr. **André van Hoorn** und Dr. **Christopher Knievel** wurden vom Förderverein der Technischen Fakultät für die besten Dissertationen geehrt.

Dr. **Arthur von Gruenewaldt** wurde für seine Dissertation ›Die Richterschaft des Oberlandesgerichts Frankfurt am Main in der Zeit des Nationalsozialismus. Die Personalpolitik und Personalentwicklung‹ mit dem ›Fritz Bauer Studienpreis für Menschenrechte und juristische Zeitgeschichte‹ des Bundesministeriums der Justiz und für Verbraucherschutz ausgezeichnet.